インバウンド観光と留学生

朝水宗彦・監修

朝水 宗彦
周 暁飛
郭 淑娟
ペルラキ ディーネシュ
リシャラテ アビリム
オースティン ウザマ

くんぷる

まえがき

　本書は留学生の視点を活用し、特に日本の地方におけるインバウンド観光の発展について考察したものである。そのため、現在教員になっている元留学生だけでなく、現役の留学生にも執筆に参加してもらった。留学生の視点から、日本の魅力や訪問時の問題点など、様々な事象が見えてくるだろう。

　2020 年は東京オリンピックが開催される予定で、日本のインバウンド観光にとって追い風になることが期待されていたが、新型コロナウイルスの影響を受け、世界的に大混乱が起こった。日本では 2019 年まで順調にインバウンド観光客数が増加していたが、2020 年 4 月から 6 月までは前年度比マイナス 99.9%という、コロナ前では信じられなかったようなインバウンドの状況が続いている。2020 年 7 月時点でも、新型コロナウイルスの感染者が一向に減る気配もなく、With コロナの状況はしばらく続きそうである。

　さて、この編書が計画されたころは、新型コロナウイルスが世界中にこれほど蔓延するとは想定されていなかった。日本も例外ではなく、全国各地の大学ではキャンパス内への立ち入りが制限され、オンラインで授業が行われるようになった。編者の勤務先でも 2020 年前期の授業はオンラインで行われ、編者も慣れない Moodle や Zoom などで対応に追われた。新入生にとって、入学式が行われず、いきなり 4 月からオンラインで授業を行われたことは、非常に当惑されたことであろう。

　しかし、日本に再入国できなくなった帰国中の留学生や、2 年生以上の日本人学生にとって、オンライン授業は意外と好評のようである。大きな会場での学術会議やシンポジウムは軒並み中止になったが、代わりに Webinar（オンラインのセミナー）が開催されるようになったため、遠隔地における大学院生の学術活動はむしろ以前よりも活発になったかもしれない。新たな取り組みやデジタル機器への対応力は教員よりも学生の方がおおむね高いようである。あいにくコロナ後の観光産業の見通しは現時点では明るくないが、若い世代のアイディアに期待したい。

2020 年 7 月　編者　朝水宗彦

第1章

訪問者と滞在者

朝水宗彦

1.1 はじめに

この章では、人の移動に関する事象のうち、観光など、短期的なものについて概説する。現在観光は身近な存在であり、世界各地で行われている。ただし、フランスのように長期休暇を取りやすい国と日本では観光形態が異なる。さらに、同じ日本でも、おそらく個人ごとに観光に対するイメージが異なっているだろう。そのため、本章では、最初に観光関連の定義について概説し、それから近年の観光の概要について述べる。

1.2 短期的な移動に関する諸定義

本書では観光客や留学生など、移民以外の人的な移動を扱うが、ここで本書にて扱う用語の定義について簡単に述べたい。まず、本書で扱う「訪問者」は比較的短期間ある場所に訪問する人を指し、観光客が代表例として挙げられる。その観光客であるが、日本語の「観光客」と UNWTO（World Tourism Organization：国連世界観光機関）で統計上扱われている「Tourist」は若干ニュアンスが異なる。

まず、UNWTO の統計で扱われている「Tourist」であるが、1 泊以上 1 年未満の「Visitor」（訪問者）を指す。日本語では観光地に宿泊せずに訪問する

人を「日帰り観光客」などと表現し、宿泊する人をわざわざ「宿泊客」と表現することもある。他方、UNWTO の「Tourist」は統計上最低でも 1 泊は宿泊することが必要条件である（**図 1-1**）。国際的な人的移動を考えると、海で囲まれた日本とは異なり、シェンゲン協定（Schengen Agreement）を結んでいる EU 諸国の多くは、入国審査なしに陸路で域内を自由に移動できる。そのため、観光客統計のデータを集めるためには、EU 諸国では宿泊客のデータを集めることが根本的である[注1]。

　UNWTO の統計的な「Tourist」の定義では、宿泊の有無が重要であり、宿泊者の目的は通常の調査ではわからない。そのため、余暇目的の宿泊者だけでなく、MICE（Meeting, Incentive, Convention / Conference, Exhibition / Event）を代表とするビジネス客も「Tourist」にカウントされる。同様に、教育目的であっても、学生ビザを伴わない短期間の語学研修では、統計上「Tourist」にカウントされる。

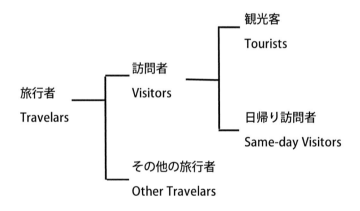

出典：UNWTO (n.d.) "GLOSSARY OF TOURISM TERMS',
https://www.unwto.org/glossary-tourism-terms, Accessed March 15, 2020 を元に著者作成。

図 1-1　UNWTO による観光客の定義

なお、本書で扱う「滞在者」は「訪問者」よりも長い期間ある場所に留まる人々を指すが、移民など定住目的の者は除く。本書の「滞在者」は、たとえ

注1　EU 諸国の観光客統計について、詳しくは以下の文献を参照されたい。朝水宗彦（2016）『集客交流産業と国際教育旅行』くんぷる，9-12 頁。

ば留学生や外国人労働者のうち帰化を伴わない者を原則として想定している。ただし、マレーシアにおける長期滞在制度（MM2H：Malaysia My Second Home)[注2]やオーストラリアの地方におけるワーキングホリデーの延長[注3]のように、1年以上滞在する場合は、移民でなくても UNWTO の「Tourist」の統計から漏れてしまう。そのため、本書で扱っている用語と本書で引用している統計は、必ずしも一致していないことをあらかじめお断りしたい。

1.3　世界における観光客移動の動向

　現代はまさに大交流時代である[注4]。UNWTO の 2018 年時点の統計によると、国際観光客の数は 14 億人を超えている。さらに、近年の世界における観光客数の推移は 2009 年を除くと、ほぼ右肩上がりである（図 1-2）。なお、2009 年は新型インフルエンザ（H1N1)[注5]が蔓延し、WHO（World Health Organization：世界保健機関）によるパンデミック（世界的大流行）の宣言がされた年であり、前年と比べると国際旅行者数が世界的に停滞した。その結果、2009 年は国際観光収入もまた大幅に下がった（図 1-3）。

注2　リタイアメント・ビザの一種であるが、高齢の定年退職者だけでなく、いわゆる生産年齢であっても制度を使用できるのが他国との大きな違いである。

注3　原則としてワーキングホリデー・ビザは 1 年間までに制限されている国が多いが、オーストラリアの場合、地方の労働力不足に対応するため、地域限定で滞在の延長が認められている。

注4　大交流時代という用語が最初に使われた文献は分からないが、国際観光に関連した分野では以下の文献が挙げられる。総合研究開発機構編（2005）『東アジアの活力と地域協力：大交流時代における日本の役割』総合研究開発機構。石森秀三編著（2008）『大交流時代における観光創造』北海道大学大学院メディア・コミュニケーション研究院。宮本欽生（2016）『大航海時代から大交流時代へ』東洋出版。

注5　2009 年 A/H1N1 インフルエンザとも言われる。当時は通称「豚インフルエンザ」（swine flu）とも言われた。

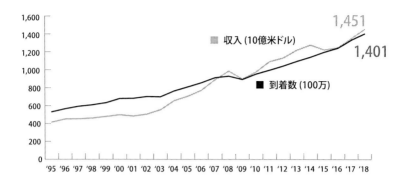

出典：UNWTO (2019) 『International Tourism Highlights 2019年 日本語版』3頁

図 1-2　世界の国際観光客数（単位：100 万人）

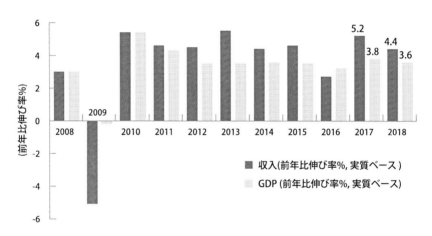

出典：UNWTO (2019) 『International Tourism Highlights 2019年 日本語版』3頁

図 1-3　世界の国際観光客数と国際観光収入の前年比伸び率

　なお、この原稿を書いていた 2020 年 3 月 11 日には、新型コロナウイルス感染症（COVID-19）もまた WHO によりパンデミックの宣言がされた[注6]。パンデミック宣言された 2020 年 3 月上旬の時点で、COVID-19 はすでに罹患者が 10 万人を超えており、中国やイタリア、韓国、日本を含めた多くの

注6　AFP 時事（2020）「新型コロナは「パンデミック」WHO が表明」,https://headlines.yahoo.co.jp/hl?a=20200312-00000001-jij_afp-int, 2020 年 3 月 12 日閲覧。

国々で国際的な移動が制限されている[注7]。UNWTO の 2019 年以降の観光客データはまだ筆者の手元にないが、現在は H1N1 が蔓延した 2009 年よりも国際的な人の移動が活発なため、今後の社会的・経済的な影響が懸念される[注8]。

　UNWTO の統計に話を戻すと、2018 年の時点の外国人観光客の受け入れ上位国を見ると、従来から観光客が多かったフランスやスペインだけでなく、中国やタイなど、アジア諸国も見られる（**図 1-4**）。さらに、観光収入を見ると、従来通りアメリカが 1 位であるが、オーストラリアや日本も上位国として挙げられる（**図 1-5**）。

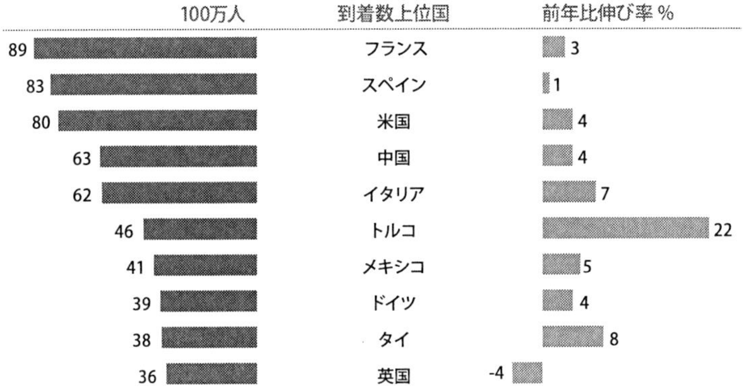

到着数上位国	100万人	前年比伸び率 %
フランス	89	3
スペイン	83	1
米国	80	4
中国	63	4
イタリア	62	7
トルコ	46	22
メキシコ	41	5
ドイツ	39	4
タイ	38	8
英国	36	-4

出典：UNWTO (2019) 『International Tourism Highlights 2019年 日本語版』9頁

図 1-4　外国人観光客受け入れ数上位 10 か国（2018 年）

注7　2020 年 3 月 7 日現在の WHO の数値による。WHO (2020) "WHO statement on cases of COVID-19 surpassing 100 000", https://www.who.int/news-room/detail/07-03-2020-who-statement-on-cases-of-covid-19- surpassing-100-000, Accessed March 11, 2020.

注8　コロナウイルスによる疫病の代表例として、2002 年 11 月ごろから 2003 年 7 月ごろに流行した SARS（Severe Acute Respiratory Syndrome：重症急性呼吸器症候群）が挙げられるが、厚生労働省によると SARS の罹患者でも 8000 人程度である（2003 年 7 月 31 日現在）。厚生労働省（n.d.）「国別のＳＡＲＳ症例サマリーテーブル（2002 年 11 月 1 日〜2003 年 7 月 31 日）」https://www.mhlw.go.jp/bunya/ kenkou/kekkaku- kansenshou05/06-02.html, 2020 年 3 月 11 日閲覧

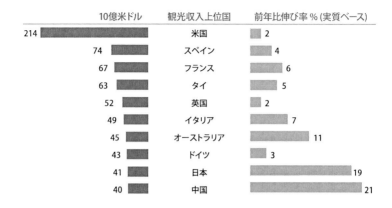

出典：UNWTO (2019)『International Tourism Highlights 2019年 日本語版』9頁

図 1-5　国際観光収入上位 10 か国（2018 年）

　なお、外国人観光客数はヨーロッパなど、経済的に豊かな隣国を有し、なお
かつ隣国と陸路で行き来できる国が高くなる傾向がある。他方、オーストラ
リアやかつての日本は、周りを海で囲まれ、航空機や船舶による観光客の受け
入れ数に限界があったため、MICE や SIT（Special Interest Tour / Tourism）
など、一人当たりの単価が高い観光客を重視する傾向があった。

1.4　日本における観光客移動の動向

　日本における外国人訪問者は近年増加が著しい。2003 年にビジット・ジャ
パン・キャンペーンが実施された頃は 500 万人前後だった外国人訪問者数は
近年では 3000 万人を超えるようになった。なお、**図 1-6** の訪日外国人客数
のグラフのうち、2009 年と 2011 年は訪日客数が減少している。2009 年は先
述の新型インフルエンザ H1N1 の影響が考えられるが、2011 年は東日本大震
災とその後の原発事故の影響が大きいと考えられる。

　日本におけるインバウンド客の増加は、新たなマーケット拡大以外にも大
きな意味がある。**図 1-7** は日本における宿泊の状況を示しているが、日本の
少子高齢化や人口減の影響もあり、日本人の宿泊者数は伸びが停滞している。

今後人口減が加速されると、宿泊業の国内マーケットの縮小も考えられるので、インバウンドマーケットの成長は日本の宿泊業にとって重要度が年々高まっている。

単位：人

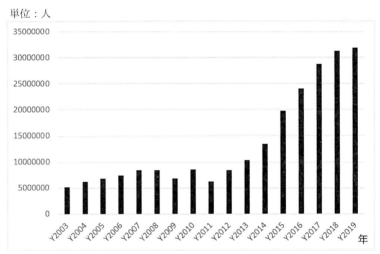

出典：JNTO「訪日外客数・出国日本人数データ」
https://www.jnto.go.jp/jpn/statistics/visitor_trends/, 2020年3月11日閲覧

図 1-6　年間訪日外国人客数

単位（百万人泊）

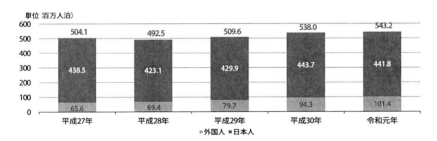

出典：観光庁（2020）「宿泊旅行統計調査　平成31年1月〜令和元年12月分（年の速報値）」https://www.mlit.go.jp/kankocho/siryou/toukei/shukuhakutoukei.html#cp1, 2020年3月11日閲覧

図 1-7　日本における延べ宿泊日数の推移

なお、2019年の訪日客のうち、最も多いのは中国である。同年は政治的な

問題もあり、韓国からの訪日客が激減したため、中国からの訪問者が相対的に突出した。他にも台湾や香港、アメリカ、タイ、オーストラリア、フィリピンなど、日本に比較的近い国や地域が訪日客の上位を占めている（表 1-1）。ただし、インバウンド観光を安定して運営するためには、さらなる多角化を進めることが今後の課題として挙げられる。

表 1-1　訪日客上位 10 か国・地域（2019 年）

中国	9,594,400
韓国	5,584,600
台湾	4,890,600
香港	2,290,800
アメリカ	1,723,900
タイ	1,318,900
オーストラリア	621,800
フィリピン	613,100
マレーシア	501,600
ベトナム	495,000

単位：人

出典：JNTO「訪日外客数・出国日本人数データ」
https://www.jnto.go.jp/jpn/statistics/visitor_trends/, 2020 年 3 月 11 日閲覧

1.5　おわりに

　以上、本章では、短期的な人の移動、特に観光客の動向について概説してきた。観光は身近な活動であるため、個人によって、あるいは国や地域によって、おそらく異なった概念が用いられている。そのため、観光関連の統計を見るときは、その概念の違いを理解したうえで数値を分析に用いる必要がある。

　なお、日本では少子高齢化と人口減が大きな問題になっているが、世界的にみると人口増が続いており、観光産業も拡大傾向が続いている。しかし、新型コロナウイルス COVID-19 による移動の制限とそれが及ぼす社会・経済

的な影響は、2009年の新型インフルエンザN1H1以上になりつつある。観光は有望な成長産業であり、日本でもインバウンド観光が期待されているが、疫病や自然災害などの影響を受けやすい。過度に期待せず、観光の特徴を客観的に理解することもまた、今後の課題として重要であろう。

参考文献

朝水宗彦（2016）『集客交流産業と国際教育旅行』くんぷる

石森秀三編著（2008）『大交流時代における観光創造』北海道大学大学院メディア・コミュニケーション研究院

AFP時事（2020）「新型コロナは「パンデミック」WHOが表明」, https://headlines.yahoo.co.jp/ hl?a=20200312-00000001-jij_afp-int, 2020年3月12日閲覧

観光庁（2020）「宿泊旅行統計調査　平成31年1月〜令和元年12月分（年の速報値）」https://www.mlit.go.jp/kankocho/siryou/toukei/shukuhakutoukei.html#cp1, 2020年3月11日閲覧

厚生労働省(n.d.)「国別のＳＡＲＳ症例サマリーテーブル（2002年11月1日〜2003年7月31日）」https://www.mhlw.go.jp/bunya/kenkou/kekkaku-kansenshou05/ 06-02.html, 2020年3月11日閲覧

JNTO「訪日外客数・出国日本人数データ」https://www.jnto.go.jp/jpn/statistics/visitor_trends/, 2020年3月11日閲覧

総合研究開発機構編（2005）『東アジアの活力と地域協力：大交流時代における日本の役割』総合研究開発機構

宮本欽生（2016）『大航海時代から大交流時代へ』東洋出版

UNWTO (2019) 『International Tourism Highlights 2019年 日本語版』UNWTO

UNWTO (n.d.) "GLOSSARY OF TOURISM TERMS", https://www.unwto.org/ glossary-tourism-terms, Accessed March 15, 2020

WHO (2020) "WHO statement on cases of COVID-19 surpassing 100 000", https://www.who.int/news-room/detail/07-03-2020-who-statement-on-cases-of-covid-19-surpassing-100-000, Accessed March 11, 2020

第2章

国境を越えた学生移動

朝水宗彦

2.1 はじめに

　本章では、本書のテーマのうち、観光客と同様に重要な事項である留学生について概説する。はじめに、学生移動に関する諸定義について述べ、その後国境を越えた学生移動の状況について既存のデータをもとに概観する。学生移動のうち、日本の状況については、より多角的に理解するため、複数のデータから概観する。

2.2 学生移動の諸定義

　前章では日本語の「観光客」と UNWTO の統計上の「Tourist」の違いについて述べた。同様に、日本語の「留学生」と OECD（Organization for Economic Cooperation and Development：経済協力開発機構）や UNESCO（United Nations Educational, Scientific and Cultural Organization：国際連合教育科学文化機関）で統計上扱われている「International Student」も若干ニュアンスが異なる。基本的に、OECD や UNESCO の統計で扱われている「International Student」は、主に大学や大学院など、高等教育機関の学位コースで学び、なおかつ出身地とは異なる地域の教育機関で学んでいる外国人の学生を指して

いた[注1]。

　ただし、OECD には EU 諸国が多く含まれていることもあり、近年では UNESCO よりも細分化された統計調査が行われている。たとえば、学位コースへの留学（Degree Mobility）は従来の統計調査でも行われていたが、最近の OECD の調査では単位互換のための留学（Credit Mobility）も統計的に調査が行われている[注2]。EU 諸国の多くはエラスムス計画（ERASMUS：European Region Action Scheme for the Mobility of University Students）により、加盟国間の大学の単位互換が容易なことが、単位互換留学の統計調査が重要になった要素の一つであると考えられる。

　EU 諸国に見られるように、留学に関する統計調査にはお国柄が見られる。国費留学が主流だった明治時代とは異なり、近年の日本では海外への学位留学よりも、日本の教育機関が協定を結んでいる海外の教育機関への交換留学の方になじみがあるだろう。さらに、日本では夏休みなどに短期間海外で外国語を学ぶことをしばしば「語学留学」などと表現することもあるが、これらの短期間の語学研修は UNESCO の留学生統計には含まれない。ただし、日本やオーストラリアなど、一部の国では 3 か月以上の語学研修に学生ビザを課している国もあり、これらの国々では UNESCO の留学生統計とは別に、独自の統計調査も行っている。さらに、日本の場合、2009 年の「出入国管理及び難民認定法」の改正により、語学学校など、学位コースでない教育機関で学ぶ外国人学生に対して「留学」の在留資格を付するようになった[注3]。各組織や団体が用いている留学関係の統計資料の主な対象は以下のとおりである（**表 2-1**）。

注 1　OECD (2019) *Education at a Glance*, OECD, p.238.

注 2　Ibid., p.236.

注 3　それまで語学学校で学ぶ外国人の在留資格は「就学」であった。詳しくは以下の文献を参照されたい。朝水宗彦（2016）『集客交流産業と国際教育旅行』くんぷる，12-13 頁。

表2-1　「留学」関連の統計

UNESCO	基本的に学位コースで学ぶ外国人が調査対象。
OECD	基本的に学位コースだが、単位互換（Credit Mobility）の統計調査もある。
日本政府やオーストラリア政府の関連機関	学位コースだけでなく、協定校間の単位互換や学生ビザを伴う数か月単の語学コース（日本語学校やオーストラリアの政府認定英語学校である ELICOS（English Language Intensive Courses for Overseas Students）など）もまた調査対象。JASSO は日本の大学から協定校へのビザなしプログラムについても部分的に調査を行っている。
民間の語学学校団体や留学斡旋団体	日本の場合、夏休み等を使った短期のビザなし語学研修（受け入れと送り出しの両方）が多いので、独自の調査の必要性が高い。ただし、現状では加盟している語学学校や提携している大学などのデータに限定される。English Australia は ELICOS 認定校で学ぶ、学生ビザ以外の短期語学研修の調査を行っているが、より短い教育旅行まではカバーしていない。JAOS は短期の語学研修の調査を行っているが、政府認定の ELICOS とは異なり、加盟校が少ない。

出典：UNESCO (2014) *Higher Education in Asia: Expanding Out, Expanding Up*、OECD (2019) *Education at a Glance*、English Australia (2019) *National ELICOS Market Report 2018*、Department of Education, Skills and Employment (2020) "2019 International student data summary",
https://internationaleducation.gov.au/research/International-Student-Data/Pages/default_annual.aspx, Accessed March 10, 2020、文部科学省（2019）「「外国人留学生在籍状況調査」及び「日本人の海外留学者数」等について」
https://www.mext.go.jp/a_menu/koutou/ryugaku/__icsFiles/afieldfile/2019/01/18/1412692_1.pdf, 2020年3月10日閲覧、JASSO（n.d.）「留学生に関する調査」
https://www.jasso.go.jp/ryugaku/statistics/index.html, 2020年3月10日閲覧、JAOS（2020）「一般社団法人海外留学協議会(JAOS)による日本人留学生数調査2019」
https://www.jaos.or.jp/newsrelease, 2020年3月11日閲覧等の統計資料集から著者が作成。

2.3 世界的な留学生移動の動向

　次に、学生移動の世界的な動向を概観したい。まず、**図 2-1** は外国の教育機関で学ぶ学生の履修者数である。OECD の調査であるため、加盟国と非加盟国に分けられているが、いずれの場合も近年は右肩上がりの成長を遂げ、2017 年現在では 530 万人の学生が国籍のある国の外にある教育機関で学んでいる。

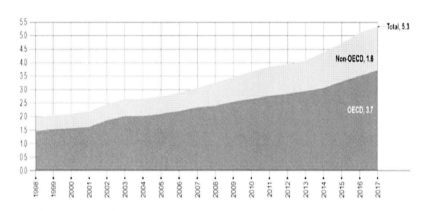

出典：OECD (2019) *Education at a Glance*, OECD, p.231.

図 2-1　外国の教育機関で学ぶ学生の履修者数（単位：100 万人）

　OECD による 2017 年の留学生受け入れの上位国を見ると、アメリカが圧倒的に多く、イギリスやオーストラリアのように英語圏の国々が上位を占めている（**表 2-2**）。さらに、ロシアやドイツ、フランスなどヨーロッパの国々が続いているが、日本や中国など、アジアの国々も上位にランクしている。

　なお、日本における留学生数の調査であるが、OECD とは異なった調査を日本政府が独自に行っている。**図 2-2** は日本において、「留学」の在留資格を有する者を示している。日本における「留学」の在留資格者は OECD データよりかなり多めになっているが、これは高等教育機関のみの OECD データとは異なり、日本独自のデータには、日本語学校など、高等教育機関以外で学ぶものが含まれていることが大きな要因である。「留学」の在留資格者もま

た、近年では右肩上がりで成長しており、日本独自の解釈では 30 万人[注4]を超えるようになった。

表 2-2　留学生数の受け入れ数上位 10 か国（2017 年）

アメリカ	984,897
イギリス	435,734
オーストラリア	381,202
ロシア	277,623
ドイツ	258,873
フランス	258,380
カナダ	209,979
日本	164,338
中国	157,108
トルコ	108,076

単位：人

出典：OECD (2020) "Enrolment of international students by origin",
https://stats.oecd.org/viewhtml.aspx?datasetcode=
EDU_ENRL_MOBILE&lang=en, Accessed March 14, 2020.

　日本における「留学生」の出身国であるが、中国が最も多く、ベトナムがそれに続く（**表 2-3**）。かつては韓国からの留学生も多かったが、政治的な日韓関係の悪化や、韓国自体も日本と同様に少子高齢化が進んでいることなどもあり、順位をかなり落としている。他方、東北アジア以外にも、東南アジアや南アジアなど、アジア諸国が受け入れ数の上位を占めていることは日本における留学生受け入れの大きな特徴である。

注4　文部科学省の「留学生 30 万人受け入れ計画」（2008 年）に見られるように、留学生の受け
　　入れ数拡大は日本政府にとって重要事項である。「留学生 10 万人受け入れ計画」（1983 年）
　　から 30 万人計画までの変遷について、以下の文献を参照されたい。朝水宗彦（2019）『観
　　光客・留学生・地球規模の労働者』嵯峨野書院，126-134 頁。

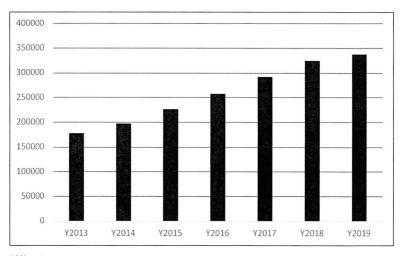

単位：人

出典：総務省統計局「在留外国人統計」

https://www.e-stat.go.jp/stat-search/files?page=1&layout=datalist&toukei=00250012&kikan=00250&tstat=000001018034&cycle=1&tclass1=000001060399, 2019 年 3 月 11 日閲覧。

図 2-2　在留資格が留学である者の数（各年 6 月現在）

表 2-3　留学の在留資格者数上位 10 か国・地域（2019 年 6 月現在）

中国	132,845
ベトナム	82,266
ネパール	28,268
韓国	18,264
台湾	10,116
スリランカ	8,045
インドネシア	7,144
ミャンマー	5,893
タイ	4,169
モンゴル	3,856

単位：人

出典：総務省統計局「在留外国人統計」

https://www.e-stat.go.jp/stat-search/files?page=1&layout=datalist&toukei=00250012&kikan=00250&tstat=000001018034&cycle=1&tclass1=000001060399, 2020 年 3 月 11 日閲覧。

2.4 個別の教育機関や業界団体による調査

　外国の教育機関で学ぶ場合、日本やオ　ストラリアでは3か月以上学ぶ場合は学生ビザが必要なので、入国時にある程度学生の実数が分かる。他方、3か月未満の短期プログラムの場合、各教育機関のデータを集計する必要があるので全体の数を把握するのは困難である。しかしながら、高等教育機関や語学学校、留学エージェント等の諸団体が独自にデータを公開している場合もある。これらの独自データは、UNESCOなどが提供するマスデータでは対応していない個々の事象を理解するうえで大いに役立つ。

　たとえば、**図2-3**はUNESCOによる日本人留学生の数である。この統計によると、日本人留学生の数は減少傾向であり、いわゆる「若者の海外離れ」の代表的な指標として使われてきた注5。しかし、**図2-4**はJASSOによる日本の大学等から海外へ留学している学生の数であり、UNESCOとは真逆の増加傾向を示している。これは、先述のように、UNESCOが進学などで直接海外の大学の学位コースで学ぶ日本人学生を主な対象にしているのに対し、JASSOは日本の大学に在籍する日本人大学生の交換留学や語学研修等を主な対象としているためで、片方だけのデータを用いれば、全く異なった傾向が導き出されてしまう。

　さらに、**図2-4**では各大学のデータをJASSOが集計しているが、このグラフから協定校以外に留学している学生は各大学が把握しているだけでも相当数いることがわかる。協定校以外への留学は実際にはさらに多いと想定されるが、おそらく氷山の一角であろう各大学が把握している数だけでも右肩上がりに増加している。

注5　ただし、マスコミ等でしばしば扱われている「若者の海外離れ」は根拠となるデータの使用方法に問題があることは、筆者をはじめ、少なからぬ専門家によって指摘されている。詳しくは以下の文献を参照されたい。朝水宗彦（2013）「日本における若者の内向き志向に関する多様な見解」『山口経済学雑誌』62(1), 51-67頁。

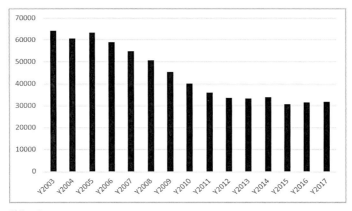

単位：人

UNESCO (n.d.) "Outbound internationally mobile students by host region", http://da-ta.uis.unesco.org/Index.aspx#, Accessed March 11, 2020

図 2-3　UNESCO 調査による海外で学ぶ日本人留学生（単位：人）

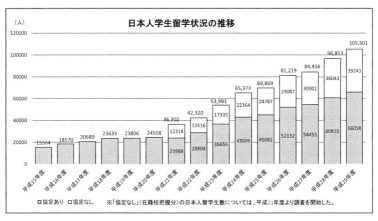

出典：JASSO（2019）『平成29年度　協定等に基づく日本人学生留学状況調査結果』JASSO　8頁

図 2-4　JASSO 調査による日本人学生の留学状況（単位：人）

　次に、文部科学省（元データは先述の JASSO の調査）の報告資料によると、海外で学ぶ日本人学生のうち、1 か月未満の者が圧倒的に多い（**図 2-5**）。通常の授業の場合、セメスター（二学期）制でも 4 か月、クオーター（四学期）制でも 2 か月はかかると思われるので、夏休みや春休み等を活用した短

期の語学研修で海外に行く日本人学生が多いことが想定される。

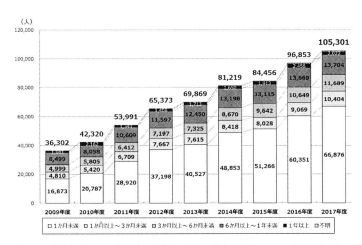

出典：文部科学省（2019）「「外国人留学生在籍状況調査」及び「日本人海外留学者数」等について」

https://www.mext.go.jp/a_menu/koutou/ryugaku/__icsFiles/afieldfile/2019/01/18/1412692_1.pdf, 2020 年 3 月 10 日閲覧。

図 2-5　期間別日本人留学生数（単位：人）

　なお、語学研修に参加する日本人は大学生だけとは限らない。JAOS（一般社団法人海外留学協議会）は同協議会加盟団体の日本からの送り出し学生数を公開しているが、この調査では 3 か月未満の短期語学研修が他の学生よりも圧倒的に多い（**表 2-4**）。JAOS に加盟していない団体もあるので、日本人全体の実数は分からないが、語学研修の場合、この JAOS の調査や先述のJASSO の日本人大学生の調査から想定すると、3 か月未満の短期の参加者が圧倒的に多いことが想定される。

表 2-4　JAOS 加盟団体における海外で学ぶ日本人の数（2019 年 8 月現在）

語学 3 か月未満	44918人
語学 3 か月以上	10584人
中学・高校留学（語学のみは除く）	15162人
専門学校・各種学校（語学のみは除く）	1472人
大学・大学院（語学のみは除く）	2493人
その他＊	5937人

＊ボランティア・インターンシップ等

出典：JAOS（2020）「一般社団法人海外留学協議会(JAOS)に
よる日本人留学生数調査 2019」
https://www.jaos.or.jp/newsrelease, 2020 年 3 月 11 日閲覧。

　参考までに、筆者が働いている山口大学であるが、全国的な動向と比べれ
ば、留学生の増加は遅々としている（図 2-6）。近年では 1000 人以上留学生を
有する日本の大学も珍しくないので、2000 年代に 300 人程度の留学生数[注6]
だった山口大学はそれほど目立つ存在ではなかった。しかし、2015 年に留学
に特化した国際総合科学部が設置され、英語開講プログラムとクオーター制
授業[注7]が導入されるようになってから、山口大学でも留学生の受け入れ数が
増加している。

注6　ただし、5 月 1 日現在の「在学生」のデータを使用しているので、各年の入学者数とは異
　　　なっている。たとえば、秋学期に半年だけ山口大学に留学した交換留学生やサマープログ
　　　ラムの語学研修生などはこの数値には含まれていない。
注7　英語開講プログラムや秋入学は東アジア研究科や経済学研究科など、大学院レベルではす
　　　でに実施されていた。ただし、山口大学の場合、大学院は比較的小規模であるため、学部
　　　レベルでの英語開講の方が従来の英語コースよりも数値的なインパクトが大きい。なお、
　　　クオーター制（四学期制）は従来のセメスター制（二学期制）よりも短い期間で授業が完
　　　結するため、日本とは異なった学期を有する留学生の受け入れに有利である。

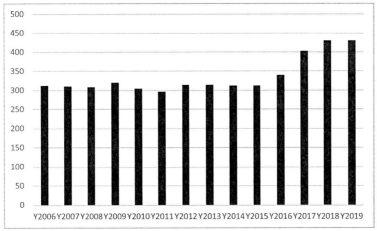

単位：人

出典：各年の山口大学「学報」

（http://www.yamaguchi-u.ac.jp/library/user_data/upload/File/gakuhou/2018/5/05-18-05
.pdf, 2020年3月9日閲覧）より抜粋。

ただし、2019年5月1日のデータは「山口大学案内」

（http://www.yamaguchi-u.ac.jp/library/user_data/upload/Image/info/annnai/2020/p06-
09.pdf, 2020年3月9日閲覧）より抜粋。

図 2-6　山口大学における在籍留学生数（各年 5 月 1 日現在）

　山口大学における留学生を出身地別にみると、全国の動向と同様に中国の
出身者が一番多い（**表 2-5**）。2 位以下は年によって大きく変動するが、基本的
には地理的に近い東北アジアと東南アジアの出身者が上位を占めている。な
お、バングラデシュの学生が多いのは、JICA の奨学金（JDS：Japanese Grant
Aid for Human Resource Development Scholarship）を使い、経済学研究科の
公共管理コース（英語学位コース）で学ぶ公務員が同国から派遣されているか
らである。同様に、政府の奨学金[注8]を使い、東アジア研究科の英語学位コー
スで学ぶインドネシア出身の教員も少なくない。さらに、工学部は途中から
編入できるツイニング・プログラムを有しており、この制度を使うマレーシ
アからの留学生も少なくない。

注8　文部科学省の奨学金もあるが、山口大学には発展途上国から派遣されている学生が多いの
　　で、先述の JDS や JICA 関連のその他のスキームの奨学金を受け取っているケースが少な
　　くない。

表 2-5　**山口大学における留学生上位 10 か国・地域**（2019 年 5 月 1 日現在）

中国	180
韓国	45
台湾	37
マレーシア	32
インドネシア	25
バングラデシュ	24
ベトナム	17
タイ	12
モンゴル	11
ハンガリー	6

単位：人

出典：山口大学「山口大学案内」（http://www.yamaguchi-u.ac.jp
/library/user_data/upload/Image/info/annnai/2020/p06-09.pdf,
2020 年 3 月 9 日閲覧）より抜粋。

2.5　おわりに

　本章では、学生の国際移動に関する統計と、統計調査の背景となっている基礎的な概念について概観してきた。前章ですでに述べたように、日本語で日常的に用いている「観光客」と UNWTO の統計で用いられている「Tourist」は異なっている。同様に、日本語で一般的に使われている「留学生」と UNESCO や OECD が統計上用いている「International Student」もまた概念が異なっている。つまり、同じ学生の国際移動であっても、長期の学位留学を目的とした学生の移動と、短期の語学研修を目的とした学生の移動では、その傾向が異なっており、適切なデータを用いなければ間違った判断を導きかねない。

　さらに、同じ国であっても、おそらく大都市と遠隔地では状況が異なっているだろう。参考まで本章の最後に筆者の勤務先である山口大学の事例を加えたが、全国的な動向と共通するところもあれば、個々の特殊な事象もある。本書ではこれから山口の事例をいくつか扱っていくが、全国的な動向と必ずしも一致しないことがあることを、あらかじめ念頭に置きながら読み進んでいただきたい。

参考文献

朝水宗彦（2013）「日本における若者の内向き志向に関する多様な見解」『山口経済学雑誌』62(1), 51-67 頁

朝水宗彦（2016）『集客交流産業と国際教育旅行』くんぷる

朝水宗彦（2019）『観光客・留学生・地球規模の労働者』嵯峨野書院

Department of Education, Skills and Employment (2020) "2019 International student data summary", https://internationaleducation.gov. au/research/International -Student-Data/Pages/default_annual. aspx, Accessed March 10, 2020

English Australia (2019) *National ELICOS Market Report 2018*, English Australia

JAOS（2020）「一般社団法人海外留学協議会 (JAOS) による日本人留学生数調査2019」https://www.jaos.or.jp/newsrelease, 2020 年 3 月 11 日閲覧

JASSO（2019）『平成 29 年度　協定等に基づく日本人学生留学状況調査結果』JASSO

JASSO（n.d.）「留学生に関する調査」https://www.jasso.go.jp/ryugaku/statistics/ index.html, 2020 年 3 月 10 日閲覧

文部科学省（2019）「「外国人留学生在籍状況調査」及び「日本人海外留学者数」等について」https://www.mext.go.jp/a_menu/koutou/ryugaku/__icsFiles/ afieldfile/2019/01/18/1412692_1.pdf, 2020 年 3 月 10 日閲覧

OECD (2019) *Education at a Glance*, OECD

OECD (2020) "Enrolment of international students by origin", https://stats. oecd.org/viewhtml.aspx?datasetcode=EDU_ENRL_MOBILE&lang=en, Accessed March 14, 2020

総務省統計局「在留外国人統計」https://www.e-stat.go.jp/stat-search/files?page= 1&layout=datalist&toukei=00250012&kikan=00250&tstat =000001018034&cycle= 1&tclass1=000001060399, 2020 年 3 月 11 日閲覧

UNESCO (2014) *Higher Education in Asia: Expanding Out, Expanding Up*, United Nations

UNESCO (n.d.) "Outbound internationally mobile students by host region", http://data.uis.unesco.org/Index.aspx#, Accessed March 11, 2020

山口大学(n.d.)「学報」http://www.yamaguchi-u.ac.jp/library/user_data/upload/File/

gakuhou/2018/5/05-18-05.pdf, 2019 年 3 月 9 日閲覧

山口大学（n.d.）「山口大学案内」http://www.yamaguchi-u.ac.jp/library/user_data/upload/Image/info/annnai/2020/p06-09.pdf, 2020 年 3 月 9 日閲覧

第3章

中学校の外国人生徒の学習の現状と学校の対応—A 中学校の中国人生徒を例として

周 暁飛

3.1 はじめに

　近年、日本に来る長期滞在の外国人が増えている（**図 3-1**）。それと共に、親と一緒に来日する学齢人口も増えてきた。総務省の統計によると、2019 年6 月末まで、日本に滞在している外国人の中で、6 歳から 15 歳の義務教育を受けるべき人口は 141,821 人に達した（**表 3-1**）。在日外国人の国籍も、中国や韓国、ベトナムなど、多様である（**表 3-2**）。

　外国人の教育問題は個人の未来に関わっているだけではなく、民族性の伝承にも緊密な関係を持っているので、民族学校[注1]やインターナショナルスクールを選ぶ外国人が多い。ただ、そのような学校がない地域では、外国人生徒が日本人向けの普通の学校に通うしかない。しかし、日本の国籍を有していないから、義務教育を受けなくても法的には罰則が課せられないので、学校に行かない不登校や不就学の外国人の子が数多く存在している[注2]。それを起こす原因は多様であり、個人、学校側、社会制度に及んでいる。

注1　日本における民族学校の研究には以下のようなものが挙げられる。高畑幸，水野かほる（2017）「南米系外国人学校における日本語教育：静岡県内の事例から」『国際関係・比較文化研究』15(2), 269-281 頁、李修京，井竿富雄，呉永鎬（2010）「日本における外国人学校政策と在日朝鮮人の教育事情」『東京学芸大学紀要. 人文社会科学系. I』61, 143 –157 頁、金泰勳（2009）「在日外国人の学習権と人権」『国際基督教大学学報. I–A 教育研究』51, 23-33 頁。

注2　文部科学省（2020）『外国人児童生徒等の教育の充実について』3 頁によると、2019 年 5 月の時点で、就学が確認されていない就学年齢の外国人は 19,471 人であった。

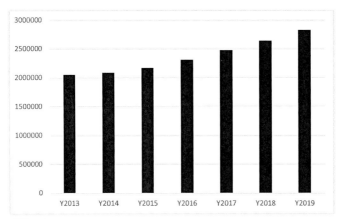

単位：人

出典：総務省「在留外国人統計」

https://www.e -stat.go.jp/stat -search/files?page=1&layout=datalist&toukei=00250012&kikan=00250&tstat=000001018034&cycle=1&tclass1=0000010603992020 年 3 月 1 日閲覧。

図 3-1　在日外国人の数（各年 6 月現在）

表 3-1　義務教育年齢の在日外国人（2019 年 6 月）

	男	女	合計
6 歳	9,122	8,608	17,730
7 歳	8,634	7,845	16,479
8 歳	7,781	7,219	15,000
9 歳	7,300	6,844	14,144
10 歳	7,099	6,971	14,070
11 歳	7,128	6,809	13,937
12 歳	6,730	6,379	13,109
13 歳	6,569	6,076	12,645
14 歳	6,392	6,087	12,479
15 歳	6,316	5,912	12,228

単位：人

出典：総務省「在留外国人統計」

https://www.e -stat.go.jp/stat -search/files?page=1&layout=datalist&toukei=00250012&kikan=00250&tstat=000001018034&cycle=1&tclass1=000001060399, 2020 年 3 月 1 日閲覧。

表 3-2　主な国籍別在日外国人数（2019 年 6 月）

中国	786,241
韓国	451,543
ベトナム	371,755
フィリピン	277,409
ブラジル	206,886

＊単位：人

出典：総務省「在留外国人統計」

https://www.e -stat.go.jp/stat -search/files?page=
1&layout=data list&toukei=00250012&kikan=00
250&tstat=000001018034&cycle=1&tclass1
=000001060399 2020 年 3 月 1 日閲覧。

3.2　山口市における外国人

　全国的な動向と同様に、筆者が住んでいる山口市でも外国人が増えている（**図 3-2**）。元々山口市には韓国・朝鮮出身者が多かったが、近年では中国出身者の増加が著しい（**図 3-3**）。

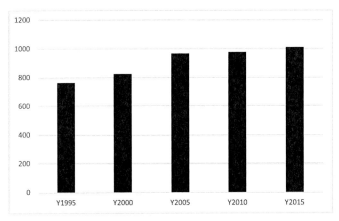

出典：山口市「山口市の統計(平成 30 年度)」
https://www.city.yamaguchi.lg.jp/uploaded/attachment/33221.pdf 2020 年 3 月 1 日閲覧。

図 3-2　山口市に住む外国人数

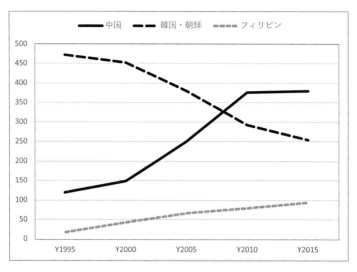

出典：山口市「山口市の統計（平成 30 年度）」
https://www.city.yamaguchi.lg.jp/uploaded/attachment/33221.pdf, 2020 年 3 月 1 日閲覧。

図 3-3　山口市における主な外国人数の推移

　中国出身者の中には、筆者と同様に、子供を連れて来日している者も少なくない[注3]。しかし、東京や横浜、神戸と比べると、山口市における中国出身者の人口は少なく、2015 年の時点でも 380 人である[注4]。外国人の人口自体が少ないため、山口市にはインターナショナルスクールや中華学校[注5]が存在

注3　山口大学の場合、学部レベルではそれほど多くないが、大学院では子連れの留学生が少なくない。筆者の所属している東アジア研究科だけでも中国やインドネシア、ベトナムなど、様々な出身の留学生が子どもを連れて来日している。

注4　山口市（n.d.）「山口市の統計（平成 30 年度）」https://www.city.yamaguchi.lg.jp/　uploaded/attachment/33221.pdf, 2020 年 3 月 1 日閲覧。

注5　日本における華人学校に関する研究として、以下のものが挙げられる。有澤知乃（2015）「中華学校における音楽教育：横浜山手中華学校と横浜中華学院を事例として」『東京学芸大学紀要. 人文社会科学系. II』66，205 -215 頁、馬場裕子（2014）「大陸系中華学校による国際化・多文化化への試み / 横浜山手中華学校と神戸中華同文学校を事例に」『Core Ethics』10，203 - 214 頁、徐輝（2014）「在日華僑学校と印僑学校に関する比較考察：東京中華学校と GIIS を中心に」『大東アジア学論集』14，44-63 頁、薛鳴、陳於華（2012）「在日中国人子女の言語使用意識とエスニシティ：ある中華学校でのアンケート調査から」『言語と文化』53(26)，31 - 49 頁、黄丹青（2005）「日本における中華学校のバイリンガル教育実践に関する一考察--横浜山手中華学校を事例として」『国立教育政策研究所紀要』134，143 -154 頁。

しなく、外国人の子供たちは日本人と同じ学校に通っている。

　筆者がアルバイトをしている山口市 A 中学校には女子 1 人、男子 2 人、合わせて 3 人の華人生徒がいる。学校側は 3 人が最初に入学したときからいろいろな手段を取って対応している。女子生徒は積極的に勉強に向かっているが、2 人の男子生徒はあまり学習への意欲がなく、最近 1 人は不登校の状態となった。筆者はそれに対して関心を持った。本稿では日本の中学校で就学している中国人生徒の現状と学校の対応について分析していきたい。

3.3　A 中学校の華人生徒の就学現状

3.3.1　基本情報

　筆者は 2018 年 1 月下旬から、山口市 A 中学校で中国人生徒の通訳としてアルバイトを始めた。最初は毎週 2 日間、終日出勤していた。筆者以外にも、もう 2 人の通訳がいる。月曜日から金曜日までのアルバイトを毎日 1 人が担当している。3 月の春休みまでは毎日の授業が終わるまでついてあげたが、4 月の新学期が始まると、教育委員会の連絡で毎日 5 時間目までアルバイトをするようになった。筆者は一身上の都合で午前中の 4 時間目まで働いている。

　また、生徒の面では、2018 年当時で 16 歳の女の子 w さん（2002 年生まれ）1 人と、17 歳の s さん（2001 年生まれ）、15 歳の x さん（2003 年生まれ）の男の子が 2 人いる。3 人とも親たちが知人である。女子生徒は 2 人の男子より 10 か月早く日本に入国した。2017 年 2 月に当時の 2 年生に編入し、入学時は 15 歳未満であった。学校側はまだ日本での勉強生活に適応していなかったことを配慮し、4 月に 3 年に上がれなく、新しい 2 年生のクラスに編入された。そして、2018 年 4 月に 3 年生となった。

　s さんと x さんは 2017 年 12 月に当時の一年生に編入し、入学時はそれぞれ 16 歳と 14 歳であった。2018 年には 2 年生となった。w さんと s さんはいずれも義務教育の 15 歳を超えた。2 人は中国で中学校を卒業し、それぞれすでに高校 1 年と 2 年に進学したのであるが、なぜ高校に進学するのではな

く、中学校に入ったのかと A 中学校の教頭先生に聞いた。保護者の意思で中学校の勉強を続けたという。実は、高校に入ろうとしても、すぐに入れたわけではない。『教育基本法』の第 57 条には次のような規定がある。

> 高等学校入学に関し、中学校を卒業した者と同等以上の学力があると認められる者は次の各号のいずれかに該当する者とする。一、外国において学校教育における九年の課程を修了した者。（中略）五、その他高等学校において、中学校を卒業した者と同等以上の学力があると認めた者。
> ［自治制度研究会編 2017：170］

以上から見れば、2 人とも高校への入学資格を持っている。しかし、学力があることが前提で、入学試験が必要である。日本に来たばかり外国人生徒にとって、入学試験はなかなか難しいことだと思っている。また、x さんは中国で中学校 1 年を終え、就業年にペースを合わせたタイミングである（表3-3）。

表 3-3　母国と日本での就学状態

名前（性別）	生年（年齢）	入学日付	編入学年	今の学年	母国での就学状態
w さん（女）	2002.6（16）	2017 年 2 月	2 年	3 年	高校 1 年
s さん（男）	2001.11（17）	2017 年 12 月	1 年	2 年	高校 2 年
x さん（男）	2003.5（15）	2017 年 12 月	1 年	2 年	中学校 2 年

出典：著者作成

3.3.2　授業形態

　筆者は通訳として A 中学校でアルバイトを始めたが、実際の仕事は通訳だけではなく、2 人の男子生徒に別室で日本語を教えるのも仕事の一部である。教科書は『みんなの日本語（上）』である。中学校の授業は高校入学試験の国語、数学、英語、理科、社会の五つの教科と保体、音楽、美術、技術、家庭、道徳（領域）に分けられている。日本語がわからないと内容もうまくできない国語、数学、理科、社会、技術、家庭、道徳の教科の時に、別室で日本語

を教えてあげることとなっている。そして、日本人の生徒とふれあうことも配慮し、日本語が中心ではない英語、美術、音楽、保体は教室で受け、授業内容を通訳してあげる形となっている。3 月の春休みまでは全部中国人留学生が担当していたが、4 月に入り、1 人の日本人の y 先生に来てもらい、非常勤先生として s さんと x さんの勉強を担当し、通訳は補助者となった。y 先生は別室での日本語指導だけではなく、学校からの連絡や家庭訪問などもしているので、ある意味で 2 人の担任である。

　女子生徒の w さんは入学してからおよそ 1 か月の時間で、山口大学の教授と専門職の通訳さんに日本語を教えてもらったが、授業料が高すぎたので、4 月の新学期に入ると、山口大学の中国人留学生に変更した。週に 4 日間教室で授業内容の通訳を中心として、別室で日本語を勉強するのはたまには行われていた。2017 年 12 月末から、日本語が上手になったので、学校は個別指導をやめ、すべての授業に教室で日本人生徒と一緒に参加させた。そして、通訳は 3 人から 1 人へと減り、週に 1 回しかついていなかった。4 月からは通訳もついていない状態となった。

3.3.3　勉強の現状

　女子生徒の w さんは穏やかで真面目な性格であるから、入学してから日本語が上手になっただけではなく、ほかの教科もちゃんと出席し、テストにも参加している。知識・理解の点数はあまり高くなかったが、関心・意欲・態度や表現力・思考力の得点が高い。w さんのことと逆であるが、s さんと x さんは勉強への意欲がなく、集中力も長く維持できない。中国にいた時にも、勉強にはあまり関心がなく、授業に集中できなかったと言った。春休みまでは、教科書の内容を全部教えてあげたが、あまり口に出せなかった。

　4 月に入り、教育委員会が配置した 1 人の日本人教師 y 先生が別室で 2 人の男子生徒に日本語を教えることとなった。授業の形が変わったので、勉強への関心度も高くなった。しかし、5 月 15 日に、2 人はあることのために喧嘩をしてから、年下の x さんは翌日から休みを取り、ずっと不登校の状態となった。事件が起きた 1 か月後、中国に帰国してしまった。7 月中旬ごろまた日本に入国する予定であるが、本人はずっと国にいたいと言った。

　一方、s さんは仲間がいなくなってから、気が落ち込んでしまい、やる気も

失った。聞いたらつまらないと言ってばかりいるが、先生が言った通りにメモを取ったり、宿題を出したりした。日本語も先学期よりずっと上手になった。また、日本語以外、教室で受けた授業数も増え、英語、美術、音楽、保体、家庭、技術、道徳の 7 つの教科に出席するようになった。期末試験は別室で行われたが、今学期から出席した 7 つの教科に参加した。

3.4 問題点と問題の背景

3.4.1 主な問題

　日本語がほとんどわからない中国人生徒が国を離れ、異国で勉強するのが難しいということが現状である。勉強しているうちに、いろいろな問題を起こすのも当たり前のことである。筆者がアルバイトして接した 5 か月間で、一番大きな問題は x さんの不登校だと思っている。それを起こした原因は、勉強への意欲が高くないことはもちろんあるが、学校に適応していないことと、友達がうまくできないことも無視できない要因であろう。詳しく見れば、問題は主に 3 つの面に集中していると纏めてみる。

①日本語と教科の勉強
　A 中学校は 2017 年 2 月から初めての外国人生徒 w さんを受け入れた。日本語指導の対応も学校の判断である。別室で日本語を勉強するという形は人数が相当に少ない生徒にとって、講師を独占したので効果が目立つ利点がある。しかし、最初の時、指導教師は固定された 1 人ではなかったし、日本語の教育経験もない留学生を指導教師とするのは多少デメリットがあるのではないかと思っている。また、もともと勉強への意欲がない生徒にとって、濃厚な時間を過ごすと、逆に疲れやすくなる。およそ 3 か月の勉強を通し、簡単な挨拶と単語ができたが、会話をするのは難しかった。
　新学期が始まり、日本人の y 先生が指導教師となってから、授業の行い方も雰囲気も変わった。そのため、男子生徒の 2 人にも活気を注ぎ込まれるよ

うに見えた。y 先生に慣れてからも時々ふざけたり、集中ができなかったりすることがあるが、リスニングのほうは前より上手となった。ただ、男子 2 人は w さんより相当時間がかかった。

　また、日本語を勉強するために、国語、理科などの授業に出席できないのも現状である。それらの教科は高校の入学試験に出る科目で、勉強しないと入学試験に合格するのも難しい。A 中学校へのインタビューで、彼らのために、「通訳に授業の中に入ってもらったり、日本語指導で個別に対応してもらったりで、かなり過重労働をさせてしまっている」と言われた。

　w さんのように半年で日本語もずいぶん分かり、教科にも出席できるようになったのは、やはり個人の意欲がそれを左右すると思っている。ただ、日本語が上手になっても、日常会話と授業中で使った言葉はかなり違っているので、教科の内容に慣れるまでも時間がかかる。w さんに内容がわからない時にどうすると聞いたら、「通訳に暇な時に教えてもらったり、インターネットなどを利用して独学したりするしかない」と言った。

②日本人とのコミュニケーション
　勉強への態度はそれぞれ違うが、3 人とも友達ができなくて寂しいという共通の悩みを持っている。w さんが 2017 年 4 月に編入されたクラスには、友達が一人もいなかった。いつも 1 人で、見学の時も、チームワークの時も、1 人ぼっちであった。留学生の通訳が来てくれた時は、学校で一番楽しい時と言っていた。2018 年 4 月に、3 年生の新しいクラスに入り、2 人の女子生徒と仲良く付き合い、給食の時や休みの時いつも一緒にいる友達となった。なぜ 2 年生の時に友達ができなかったのと聞いた。「前は排斥された感じがしたが、今のクラスは前のよりずっといい。付き合いやすいから。みんな優しくしてくれるし、中国人への見方も極端ではない。わからない問題を親切に説明してくれる人もいれば、一緒に楽しく遊んでくれる人もいる。」と何度も言った。やる気も先学期より高く見える。

　w さんと違い、2 人の男子生徒のほうはちょっと難しい。最初は 2 人に話をかけた人が何人もいたが、別室でいる時間が長くて他人とのコミュニケーションのチャンスが少ないのも 1 つの原因であり、2 人が孤立する状態となった。それにしても、互いの仲間として寂しいとは言えなかった。

　しかし、x さんの不登校以降、s さんには学校で唯一の友達もいなくなり、およそ 2 週間落ち込んだ状態に陥った。その後だんだん回復してきたが、「学校がつまらない」とか、「学校をやめたい」とか言ってばかりいる。理由を聞いたら、何もかも自分ひとりでやっているし、通訳がついてくれない時に、授業の内容がわからなくても教室にいなければいけないと言った。なぜ日本人生徒と友達にならないか s さんに聞いたら、「日本語ができないし、互いに言ったことがわからないから。それに、みんな 13 歳のガキで、共通点がない」と言った。実は、学校だけではなく、放課後や休日に、ずっと携帯のゲームばかりしていることで時間をつぶしている。両親は仕事が忙しいので、どこかへ連れていく余裕がほとんどない。

　日本語がわからいない外国人生徒にとって、コミュニケーションは難しい。コミュニケーションがなければ、友達を作る可能性も低い。言い換えると、孤独感と抑圧感が強い。このマイナスの情緒は勉強にも生活にもいい影響が与えられないわけである。

3.4.2　部活などの諸活動

　豊かな部活動は日本の中学校の特徴である。毎日授業が終わってから行われている。種類によって週末にも出席しなければならない場合もある。しかし、3 人とも部活に入っていない。理由を聞くと、w さんの場合は 2 年生の時に、時々部活の時間を利用して日本語の指導を受けたので、部活をやっていない。一方、2 人の男子生徒はサッカー部の申込書を出したが、週末にも練習があるので、週末は学校へ行きたくない 2 人はあきらめるしかないと言った。部活だけではなく、夏になって水泳の授業があるが、s さんは泳げないので、ずっと見学の形で授業に出る。自分だけできないのが恥ずかしいと言った。また、英語のスピーチコンテストにも参加しないという理由は、外国人としてあまり目立たないほうがいいということであった。いろいろな活動に参加しないと、他の生徒さんとふれあうチャンスもなくなる。そして、ある程度日本語を高めるであろうチャンスもまた少なくする。

3.5 問題への対応

3.5.1 学校側の問題認識

　以上纏めてみた問題は実は学校側でも悩んでいる問題である。2018 年 6 月に教頭先生にインタビューを行い、次のような回答があった。

> 言葉の壁。学校側の思いが伝わらない。本人や保護者の気持ちが予想できない。互いの理解が難しい。通訳が少ないので、クラスを分けたり授業を分けたりすることができない。また、3 人とも部活動をやっていなかったが、部活動をやることによって、交友関係も広がり、日本語の上達にもつながると思う。

　学校側はそれらの問題を解決するために、積極的に市教育委員会、県国際交流協会といろいろ相談したことがある。ただ、学校側の力だけではなかなか変えられないので、保護者側も協力してもらえばもっといい効果が出るはずである。

3.5.2 学校と教育委員会など行政側の取り組み

　女子生徒の w さんは A 中学校の初めての外国人生徒なので、上述した問題に対して学校側もいろいろな試行錯誤をしながら、対策を取っている。まず入学の面では、w さんは学校の地域に所属しているから、A 中学校に入学したのである。2 人の男子生徒は区域外であるが、教育委員会の判断で A 中学校に来させた。なぜかというと、学校にはすでに中国人生徒がいるからという返事をもらった。そうすれば、教育リソースも利用できるし、外国人生徒に対応する経験もある。また、日本語の面では、日本語指導という形は学校の判断である。さらに、教頭先生は続けた。

学校では、彼らの日本語能力を確認し、日本語指導が必要かどうか判断した。必要であれば、どのような形でカリキュラムを組むのが妥当かを考えた。また、通訳、日本語指導が必要であれば、委員会に要請し、人数と勤務条件があるのでそのことも踏まえて、学校側でカリキュラムを組んだ。だから、実施が難しければ変更も学校内で可能であった。

時間がある場合は、放課後日本語指導を行うこともある。ただ、ずっと日本語を指導してもらうわけではなく、中国人生徒の必要性に応じて柔軟に対応できる。さらに、教頭先生は以下のように続けた。

期間を設けては、この形で実施するということで行っているので、通訳も 1 年契約や学期契約だったりする。後は、自校努力でカリキュラムを作る。（日本語が）ある程度できるようになれば、すべての授業に入る。

上記のように、学校は外国人生徒のためにいろいろな工夫をした。そのため、当然であるが、それなりの人件費も時間もかかっている。

実は、外国人の子供だけでなく、山口大学にも日本語がわからない留学生が多い[注 6]。日本語がわからない留学生のために山口大学はチューター制度[注 7]を作った。すなわち、外国人の生活や日本語などの指導に興味を持っている母語が日本語の学生にボランティアをしてもらうということである。この制度を通し、日本語の指導、日本人とのコミュニケーション、人材支給の控えなど、少なくとも 3 つの問題を解決するようとなった。山口市と近郊の中学校は大学と連携すればいいし、同級生に頼んでもらったら、人間関係づくり

注6　山口大学には日本語で学べるコースだけでなく、英語で学べるコースもある。英語コースで学ぶ留学生は入学時に日本語能力を求められないので、特に日本語が分からないことが多い。しかしながら、山口市の場合、大学の外ではあまり英語が通じないので、英語コースであっても、日常生活程度の日本語能力を有していることが望ましい。

注7　山口大学留学生センター「留学生に対するサポート」http://www.isc.yamaguchi-u.ac.jp/02current/03support.html, 2020 年 3 月 1 日閲覧

にいいのではないか。それを実施するのが難しいかどうかまだ研究していないが、参考になると思っている。

　なお、山口市のような地方では、外国人生徒が散在する地区が多い。その少人数のためにインターナショナルスクールや民族学校などの常設の教育機関を作るわけではないが、日本語レベルによって集中的に短期間日本語教室を開いたら役に立つと思っている。例えば、3 か月か半年の期間で、午前中は日本語教室、午後は学校の授業に出席してもらったら、外国人生徒の間にもコミュニケーションができるほか、学校での勉強もつまらなくなりにくいと思っている。

3.5.3　保護者側の取り組み

　先述のように、3 人の保護者は知り合いである。s さんの両親はレストランを経営している。x さんの母親はそのレストランで働いている。筆者は 2018 年 6 月に男子生徒の保護者にインタビューを行ったが、主な問題と回答は**表 3-4** のとおりである。

　親の態度と行為は子女への影響が大きい。このインタビューから見れば、仕事は忙しくて子女を管理する時間が少ないことと、教育への認識不足は子女の勉強にマイナスの影響を与えると考えられる。母国と友人を離れた外国人の子女、特に思春期の子どもたちは、生活の変化により心に傷をつけやすく、学校への抵抗意識が生じる可能性もある。

　2 人の男子生徒は特例だといっても、一種類の外国人生徒の代表として扱われる。保護者たちはちゃんと学校と交流を行い、できるだけ学校からのお知らせに協力しているほかに、自分自身も子どもの考え方を理解してあげ、認識を正しく導いたほうがいいと思われる。

表 3-4　生徒の保護者へのインタビュー

問題	s さんの保護者	x さんの保護者
1、なぜ日本の中学校に入らせたのですか。	日本語もできないし、勉強もまあまあだから、高校に行かせたら彼にとって難しい。	そばにいてほしい。甘やかしすぎたので、わがままだ。中国に放っておくと不良になったら大変だ。もう一つは、学校に行かなかったら、何をするかもわからない。ずっと家にいるわけではないし。
2、これからの進路についてどう思っていますか。	高校の入学試験に合格すれば、続けて勉強する。不合格だったら就職させる。	まだ考えてない。彼自分の思いに任せる。
3、学校で部活をやっていないことはどう思いますか。	やりたくないので、無理やりにやらせても意味がない。	やりたくなければ、やらなくてもいい。
4、国語、数学などの教科にはまだ出席していないことにどう思いますか。	それは知っている。日本語だけわかれば十分だ。余裕があれば他の教科を勉強してもらいたい。	大丈夫。ちゃんと学校にいてくれれば十分だ。
5、家で勉強への催促をしますか。	たまにはする。レストランは5時から夜9時まではすごく忙しくて、催促しようとしてもなかなか時間がない。	催促しても聞いてくれない。ゲームをむちゅうでしているから。

出典：著者作成

3.6　おわりに

　筆者が A 中学校でアルバイトをしているときに、s さんの一人ぼっちの姿を見ていると、いつもかわいそうな感じをしていた。本人はここで勉強するつもりがなく、ずっと帰国しようと思っているが、家庭の事情で日本に滞在せざるを得なかった。

　他方、w さんのほうは交流がうまく進んでいる。日本人の友達もできたし、勉強も真面目にやっている。高校受験も無事に成功し、今後は高校での活躍

を期待したい。

　一番年下の x さんはどうしても学校へ行かない決意をしたので、結局不登校の状態となり、一時帰国してしまった。外国人が集住するところに民族学校があれば、そこに通わせたら問題が少ないが、点在する場合は、所属地域にある普通の学校に行かせるしかない。従って、問題も上述のように出てきた。

　学齢期の外国人子どもの教育は、中学校だけではなく、各教育段階でも様々な問題がある。筆者は 1 校のみの調査を行い、データが少ないので、全面的に把握することはできない。そのため、これからチャンスがあれば、他の学校でも調査をしようと思っている。

参考文献

有澤知乃（2015）「中華学校における音楽教育：横浜山手中華学校と横浜中華学院を事例として」『東京学芸大学紀要. 人文社会科学系. II』66，205 -215 頁

金泰勲（2009）「在日外国人の学習権と人権」『国際基督教大学学報. I-A 教育研究』51，23 - 33 頁

黄丹青（2005）「日本における中華学校のバイリンガル教育実践に関する一考察--横浜山手中華学校を事例として」『国立教育政策研究所紀要』134，143 - 154 頁

徐輝（2014）「在日華僑学校と印僑学校に関する比較考察：東京中華学校と GIIS を中心に」『大東アジア学論集』14，44-63 頁

薛鳴，陳於華（2012）「在日中国人子女の言語使用意識とエスニシティ：ある中華学校でのアンケート調査から」『言語と文化』53(26)，31 - 49 頁

文部科学省外国人児童生徒等の教育の充実に関する有識者会議（2020）『外国人児童生徒等の教育の充実について』文部科学省

総務省「在留外国人統計」https://www.e-stat.go.jp/stat-search/files? page= 1&lay-out=datalist&toukei=00250012&kikan= 00250&tstat= 000001018034 &cycle = 1&tclass1=000001060399, 2020 年 3 月 1 日閲覧

高畑幸，水野かほる（2017）「南米系外国人学校における日本語教育：静岡県内の事例から」『国際関係・比較文化研究』15(2), 269-281 頁

地方自治制度研究会編（2017）『地方自治小六法（平成 30 年版)』学陽書房

馬場裕子（2014）「大陸系中華学校による国際化・多文化化への試み / 横浜山手中華学校と神戸中華同文学校を事例に」『Core Ethics』10，203 − 214 頁

宮島橋，太田晴雄（2007）『外国人の子どもと日本の教育』東京大学出版会

山口市「山口市の統計 (平成 30 年度)」https://www.city.yamaguchi.lg.jp / up-loaded/attachment/ 33221.pdf, 2020 年 3 月 1 日閲覧

山口大学留学生センター「留学生に対するサポート」http://www.isc.yamaguchi-u.ac.jp/ 02current/ 03support.html, 2020 年 3 月 1 日閲覧

李修京，井竿富雄，呉永鎬（2010）「日本における外国人学校政策と在日朝鮮人の教育事情」『東京学芸大学紀要. 人文社会科学系. I』61，143 −157 頁

第4章

留学生の受け入れと多様な観光教育

朝水宗彦

4.1　はじめに

　本章は大分県別府市に立地する立命館アジア太平洋大学（以下 APU）において行われた、観光関係のカリキュラム改革とそれに伴う教材開発についてまとめたものである。2000 年に開学した APU は開学当時から日本語と英語で学べる授業[注 1]を有し、2019 年現在でも約半分の在学生は留学生である（**図4-1**）。2004 年の完成年次[注 2]の時点では、どちらかといえば日本語開講授業は日本人、英語開講授業は外国人の学生が受講することが多かったが、日本語開講授業を国際学生[注 3]、英語開講科目を日本人学生が受講することもあった。

　APU の大学院の授業は英語で行われているが、学部レベルでは、受験時の

注 1　開学当初は、少人数の言語科目以外は日英バイリンガルで講義を行っていた。完成年次のころには、同じ名前の講義科目を、二つの言語で、異なった教室で、複数の教員が担当することが多くなった。さらに、完成年次のころには、学部レベルの講義科目がそれまでのセメスター制（2 学期制）からクオーター制（4 学期制）に変更され、日本と異なった時期に卒業する海外の学生の受け入れだけでなく、JICA 研修生など、より短期の教育プログラムでの受け入れでも有利な体制が形成された。

注 2　ただし、APU には単位を早めに修得した学生に対する早期卒業制度があるので、実質的には 2003 年 3 月に学部卒業生を輩出している。早期卒業生に合わせ、2003 年 4 月には大学院が開講されている。APU の授業料は単位当たりで換算できるので、学部生が 3 年で卒業しても、授業料収入の点では問題ない。

注 3　APU ではいわゆる留学生のことを国際学生と呼ぶ。

出典：APU（2019）『APU Data Book』APU，7 頁
図 4-1　APU の学生の割合（2019 年 5 月 1 日現在）

言語とは異なった言語[注 4]で授業を受けられるように、少人数クラスの言語科目と、入門レベルの講義科目が初年次に充実している。対外的には APU は英語開講の授業が注目されているようだが、学部レベルで多言語化[注 5]が進んでいることは、APU の学部カリキュラムの大きな特徴といえる。

4.2　拡大時における観光教育の拡充

　現在の APU は UNWTO の TedQual（Tourism Education Quality）[注 6]に認定されるほど観光教育に力を入れているが、元々はこれほど充実していたわけではなかった。APU は温泉観光地である別府に位置することもあり、開学時から観光関連の授業がいくつかあった。さらに、2003 年からは大学院でも

注4　たとえば、英語で受験した学生に日本語講義、日本語で受験した学生に英語講義というように、最終的には異なった言語で授業を受講できるように、語学教育に力を入れている。

注5　日英両言語のほかにも、韓国語や中国語、ベトナム語、タイ語、マレー・インドネシア語、スペイン語など、APU の語学教育は外国語大学並みに充実している。

注6　UNWTO が優れた観光教育を実施している高等教育機関に与える認証制度のこと。APU は 2018 年に認定される。2020 年 4 月現在、日本では和歌山大学と APU の 2 校しか TedQual の認定校がない。なお、TedQual に関しては以下の記事をご覧いただきたい。APU（2018）「国連世界観光機関（UNWTO）の観光教育認証「TedQual 認証」を取得！」http://www.apu.ac.jp/home/news/article/ ?storyid=2961, 2020 年 4 月 6 日閲覧。

観光関連の授業が開講され、2005年の世界観光学生サミット[注7]のように大規模な学術イベントも開催されるようになった。しかし、大学自体の規模が小さかったこともあり、組織的に観光教育を行っていたわけではなかった。

　APUにおける観光教育の拡充は、大学の改組と深い関係がある（図4-1）。APUでは2006年から学部における募集定員が1学年450人増加し、全体の新入生数が約1.5倍に拡大したため、まとまった数の教員の増員が可能になった[注8]。教員の増加に伴い、通常の講義だけでなく、双方向性のアクティブ・ラーニングや学外での実践教育もまた拡充されていった。たとえば、1年生がクオーター休みを利用し、各地で入門的な学外研修を受けるFIRSTがこの時期から始まっている[注9]。

　定員増に伴い、個々の授業だけでなく、教学組織も大きく変わった。学部横断的[注10]にいくつかのインスティチュート（研究教学組織）が設立され、そのうちの観光ホスピタリティ・インスティチュート（以下THP）は1学年150人の比較的大きな所帯であった。観光関係の予算が増加し、スタッフの増強が可能になったため、教学面でいくつかの改革が可能になった。さらに、スタッフを増強したことは文部科学省の現代GP[注11]など外部競争資金の増加に

注7　APUが主催校となり、2005年11月8日から11月13日まで開催した観光系の教学イベント。世界21カ国・地域から、78大学、290名の参加者があった。詳しくは以下の記事を参照されたい。APU（2005a）「「2005世界観光学生サミット」閉幕」http://www.apu.ac.jp/home/news/article/?storyid=210, 2020年4月6日閲覧。

注8　元々の学部レベルの入学定員は900人程度であったため、大幅な拡大策といえる。この拡大策は「New Challenge Plan」と呼ばれ、観光だけでなく、情報コミュニケーション（Information & Communications Technology）や環境ライフサイエンス（Health, Environment & Life Sciences）など、今後の成長が想定される分野の研究教学組織を重点的に拡充した。「New Challenge Plan」については、詳しくは以下の文献を参照されたい。APU（2011）APU Story, APU, p.119.

注9　FIRSTでは、日本人学生は海外、国際学生は日本国内で3-4日程度の入門的な短期間の学外研修を受ける。詳しくは以下の記事を参照されたい。APU（2007）「異文化体験プログラム「FIRST」プレゼンテーション大会を開催」http://www.apu.ac.jp/home/news/article/?storyid=521, 2020年4月6日閲覧。

注10　学部横断型プログラムは、当時学内ではCAP（Crossover Advanced Program）と呼ばれた。CAPについては以下の記事をご覧いただきたい。APU（2006a）「CAPガイダンスを開催しました!!」http://www.apu.ac.jp/home/news/article/?storyid=339, 2020年4月6日閲覧。

注11　当時の「Good Practice」制度では、優れた教育計画を申請した高等教育機関に対し、文部科学省が期限付きで予算を配分していた。当時のGPについては以下の記事を参照されたい。APU（2006b）「APUが文部科学省の2006年度現代GPに採択されました」http://www.apu.ac.jp/home/news/article/?storyid=344, 2020年4月6日閲覧。

つながり、更なるスタッフの補充も可能になった。

表 4-1　APU における入学定員の拡大（単位：人）

		2005 年時点	2006 年度以降
入学定員	アジア太平洋学部	445	650
	旧アジア太平洋マネジメント学部	445	600
収容定員	アジア太平洋学部	1780	2600
	旧アジア太平洋マネジメント学部	1780	2400

＊旧アジア太平洋マネジメント学部は 2009 年に名称を国際経営学部に変更した。
＊2020 年現在、両学部の定員はそれぞれ 660 名である。
出典：APU（2005b）「「収容定員の増加に係る学則変更」が文部科学省に認可されました」
http://www.apu.ac.jp/home/news/article/?storyid=175, 2020 年 4 月 6 日閲覧。

　ただし、入学定員が増えたとはいえ、大学の規模の区分では APU はいわゆる中規模校（新入生の募集定員 1000 人以上 3000 人未満）であり、大規模校（新入生の募集定員 3000 人以上）ほどの経営体力は無い。実際、THP 設立後に補強した教職員は任期制のスタッフが少なくなく、上記のように外部競争資金によって新規スタッフを雇用している場合も見られた。

　とはいえ、学部レベルの入学定員が 1 学年 900 人[注12]だった時と比べると観光関係のスタッフが拡充されたのも事実であり、2004 年の完成年次に 4 人（2000 年開学時は 2 人）だった観光専門の教員は 2008 年 1 月の時点で THP 所属だけで 9 人[注13]に増加した。そのため、それまで特定の教員が担当していた観光関係の入門科目が強化され、各教員がそれぞれの得意分野を生かしたオムニバス形式の観光関連科目を実施することが可能になった。

注12　ただし、2000 年代当時は現在ほど文部科学省の学生の定員管理が厳しくなかったので、学部レベルで年間 1000 人弱の新入生が入学していた。2019 年現在の総学生数は 1 学年定員 1320 人の学部と収容定員 230 人の大学院を含めて 5695 人である。詳しくは以下の文献を参照されたい。APU（2019）『APU Data Book』APU、7 頁。
注13　日本の大学の場合、通常学部では 20 人、学科では 10 人、コースでは 5 人以上の教員が所属している。設置当時の THP の学生数は小規模な学部並だが、教員数は大きめのコース並であった。参考までに、筆者が現在働いている山口大学経済学部観光政策学科であるが、一学年の学生数 50 人、専任教員 12 人である。

4.3 APU におけるオムニバス授業

　APU におけるオムニバス形式の授業は基礎教育科目において以前からあった。たとえば 2004 年度まで 1 年生向けに開講されていた「アジア太平洋地域理解」では、各分野の専門家が週代わりで 250 人収容の大教室にて講義を行い、講義の後グループ別にいくつかの小教室で TA がワークショップを行っていた[注14]。国際学生向けの「日本語上級コンテンツ授業」でもまた各分野の専門家が 150 人収容の比較的大規模な教室にて講義を行い、講義の後何人かの日本語教員が小教室にてワークショップを行っていた。

　ただし、従来のオムニバス形式の授業は下級年次の学生が上級年次で専門科目を受けるための概論的なものであり、いわばお試し授業的な要素が強かった。つまり、従来のオムニバス授業は必ずしも特定の学問分野を体系的に学べるようにカリキュラムが組まれていたわけではない。そのため、インスティチュート設立後は、主に 2 年生向けに、より専門性の高いオムニバス形式の授業がカリキュラムに組まれるようになった。たとえば THP の場合、地元学の一種である「別府学入門」や観光調査の基礎を学ぶ「THP 入門演習」、およびいくつかのテーマ別の「特殊講義」などが新たにカリキュラムに加えられた。

　「別府学入門」の場合、教員と様々な分野（主に観光）の実務家が週代わりで講義を行った。教員がある特定の観光分野の基礎的な講義を 95 分間行った後、次の 95 分間に実務家がより具体的な事例を講演する形式を採った。ただし、外部からの講師を毎週招聘するためには、学内のみの調整よりもかなりの労力を必要とするため、現代 GP の予算の一部を使い、コーディネーター役の専属の教員と職員を任期制で雇用した。通常の科目では期末試験を行っているが、「別府学入門」では試験の代わりにレポートで評価を行った。2007 年度の「別府学入門」は以下の内容と教員・実務家で実施された。

注14　講義と少人数制ワークショップの組み合わせ授業については、以下の文献を参照されたい。朝水宗彦（2007）『開発と環境保護の国際比較』嵯峨野書院、160 頁。

> ・別府遺産：轟博志・高橋ハト子 (八湯トラスト)
> ・宿泊業：中野雅博・兼子隆正 （別府湾ロイヤルホテル）
> ・国際観光：朝水宗彦・樫山敬一 （別府外国人観光客案内所）
> ・棚田を利用した地域興し：畠田展行・後藤幸彦 （棚田里山景観研究所）
> ・文化による地域・観光づくり：清家久美・山出淳也 （NPO 法人 BEPPU PROJECT）
> ・ホスピタリティ：韓志昊・後藤美鈴 （鉄輪温泉入船荘）
> ・コンベンション：岡田豊一・米田正行 （別府国際コンベンションセンター）

4.4　観光系オムニバス授業内の構成

　なお、オムニバス形式の授業を行う場合、各担当者は 1 回あるいは 2 回程度で講義を完結しなければならない。つまり、講義内容を次の回に持ち越しする事ができないので、効率よく授業内容を消化する必要性がある。「別府学入門」の場合、各回の授業テーマと担当者はあらかじめ決められていたが、細かい内容は各担当者に委ねられていた。そのため、本稿では主に筆者が担当した「国際観光」の分野を中心に事例を紹介していきたい。

　筆者が当時行っていた通常の講義は 15 回行われる 95 分の授業であり、学生があらかじめテキストを読んできたことを前提として、パワーポイントと補足的な配布資料を用いていた。しかし、週代わりの授業では一部の科目を除いてテキスト・ベースの授業が困難である。そのため、筆者が担当していたオムニバス授業では要点を絞ったパワーポイントを主に用い、レポート作成などのために詳しい資料が必要な学生に対しては、資料を web 配信できるようにしていた。筆者の場合、一部ビデオ・クリップ等の動画もあったが、制作時間の関係上、ワードやエクセル、パワーポイントで作った簡素なものが多かった[注 15]。

注 15　現在ならば Moodle や Zoom などで本格的なオンライン授業が可能であるが、当時は Skype

　「別府学入門」で担当した「国際観光」の場合、95分の授業を2部構成にして、前半を国際観光や海外事情の基礎知識、後半を日本事情や別府における国際観光の基礎に充てた。なお、同様の内容は「日本語上級コンテンツ授業」でも担当しているが、こちらは後半部を日本全体におけるマクロ的な国際観光政策に充てており、事例紹介がメインの「別府学入門」と差別化を図っていた。「別府学入門」内の「国際観光」の内容は以下の通りであった。

```
・はじめに
・観光の多様性
・海外の温泉
・日本の温泉
・別府観光の国際化
・おわりに
```

4.5　観光の基礎と海外事例

　ただし、いくら初学者向けの事例紹介とはいえ、観光専攻の学生は学術的な内容もある程度抑えておく必要がある。そのため、前半部分では観光の歴史的な背景についてパワーポイントを用いながら若干説明し（資料4-1, 4-2, 4-3）、より詳しく知りたい学生に対してweb配信を行っている自作の補足資料について紹介した。なお、以下の資料はパワーポイントの内容をまとめたものである。

など、双方向性の動画通信には技術的な限界があった。複数の学生を対象とした場合、当時はYouTubeなどで動画を配信する方法が主流であり、オンライン授業はそれなりに準備に時間がかかった。

資料 4-1　旅と観光の歴史

- ・先史時代：狩猟採集や交易など生活のための旅。
- ・古代ギリシアとローマ帝国：交通網の発展に伴い、オリンピックのようなスポーツ・イベントやグルメツアーが広まる。
- ・中世の封建社会：農産物による納税が多かった日本やヨーロッパでは、各地の領主によって旅の自由を制限される。
- ・巡礼と湯治：宗教目的や治療目的の旅は中世でも例外的に認められており、時には実質的に余暇活動となった場合もある。

資料 4-2　近代化と観光

- ・ルネッサンス：ヨーロッパにおいて中世の宗教的な束縛が弱まり、イギリスの貴族や豪商の間でイタリアやフランスに訪問する豪華なグランドツアーが行われる。
- ・産業革命：イギリスで発祥した産業革命は近代的な交通網を発展させる。このことに注目したトーマス・クックは鉄道を使ったパッケージ・ツアーを広める。
- ・植民地の拡大：イギリスやその他の「列強」は世界各地で支配のために交通網を整備するのと同時に、駐在員のためのリゾートを開発する。日本の場合、台湾や朝鮮半島に日本式の温泉を開発する。

資料 4-3　脱近代化と観光

- ・第二次世界大戦後の新たな独立国を含めて、世界各地で近代化が進むにつれ、大量輸送と大規模宿泊を伴うマスツーリズムが発展。
- ・近代化に伴う大規模開発が公害や環境破壊をもたらしたように、観光の大規模化もまた各地で社会問題をもたらす。

・マスツーリズムの弊害から、エコツーリズムやグリーン・ツーリズムなどの「持続可能な観光」が普及しつつある。
・温泉観光地でもまた、バブル経済期の日本のような大規模な施設より、静かで安らぎを得られる比較的規模の小さい施設の方が「癒し」を求める（特に都市部の）観光客に求められている。

なお、別府は日本を代表する温泉観光都市であるため、他地域との比較のために、ヨーロッパにおける温泉観光の歴史を簡単に紹介した（資料4-4, 4-5, 4-6, 4-7）。以下の資料もまたパワーポイントのスライドをまとめたものであるが、これらの資料を比較することにより、洋の東西を問わない普遍性と日本とは異なった欧米諸国の独自性を学ぶことができる。

資料4-4　温泉と観光

・風呂好きなローマ人：帝国各地に温泉を含めた公衆浴場を多数建設。食べすぎて体調を崩した貴族が温泉地で療養することもあった。
・中世の温泉：移動を伴う娯楽が封建社会では制限されていたため、聖地や湯治場が社交場や余暇地として発展する（洋の東西問わず）。
・近代化と温泉：封建社会が崩壊し、海岸や避暑地において余暇目的の旅が自由に行われるようになったため、少なからぬ聖地や温泉地にて観光客が激減する（ヨーロッパと日本）。
・温泉の大規模化：近代におけるマスツーリズムの波にうまく乗った温泉のいくつかは団体観光客に対応して規模が大きくなる（ヨーロッパと日本）。

資料 4-5　古代・中世のヨーロッパ

Bath と Spa：
・イタリアの○○テルメ／テルマエ（Termae, 元々は古代ギリシア語）：
ローマ帝国の時代から続く温泉地もある
・イギリスのバース（Bath）：ブリストルの近く，別府市の姉妹都市
・ベルギーのスパ（Spa）：リエージュの近く

中世の温泉都市：
・ドイツのバーデンバーデン（Baden Baden）：フランスのアルザス地方
との国境近く
・フランスのビシー（Vichy）：オーヴェルニュ地方

資料 4-6　医療と温泉

飲用泉：
・エビアン（フランス）
・ヴォルビック（フランス）

温水プールとクアハウス：
・アイスランドのブルーラグーン
・オーストリアのバーデン・バイ
・ハンガリーのゲレルト温泉
・スイスのバーデン

　なお、医療目的の温泉は日本でももちろん見られたが、飲用泉の普及や大
規模なクアハウスの開発はヨーロッパにおける温泉観光地の特徴といえよう。
特にハンガリーのゲレルト温泉はオーストリア・ハンガリー帝国が生み出し
たヨーロッパにおける温泉建築の傑作である。しかしながら、近年では日本

でもまた、西洋的な近代医学と温泉観光との結びつきが見られ、後に述べる別府や由布院には現在西洋文化の影響を受けた温泉施設がいくつか見られる。さらに、資料 4-7 のように欧米諸国ではレジャー目的の「見る」温泉も発展し、世界的に知られるようになった温泉観光地がいくつか存在する。しかし、別府における地獄めぐりのように、日本においても「見る」温泉が発展し、現在では少なからぬ国内外の観光客を集めている。

資料 4-7　レジャーと温泉

イエローストン国立公園（アメリカ合衆国）：
・世界初の国立公園（1872 年）
・世界自然遺産登録（1978 年）
・間欠泉（Old Faithful）

ロトルア（ニュージーランド，別府市の姉妹都市）：
・間欠泉（19 世紀後半には観光化）
・マオリの村を再現したタマキビレッジ
・ポリネシアン・スパ

4.6　別府における温泉観光

　時間の都合上日本における温泉の歴史は「国際観光」の時間内では省略したが、開国後の開発は別府が観光地として発展するために重要な要素であり、学生が今後観光関係の授業を学ぶ上で重要な事項である。そのため、本時では、第二次世界大戦以前の観光開発について基礎的な事項を簡単に述べた（資料 4-8, 4-9）。なお、資料 4-9 に挙げている油屋熊八とは「別府観光の父」と呼ばれ、2007 年には別府駅前に銅像が建てられるほど地元では知られている。ただし、油屋自身は別府の出身ではなく、国内外を転々と暮らしてきたため、

別府特有の観光資源と国内外の観光トレンドを巧みに組み合わせることができた。

資料 4-8　近代の日本

・明治時代の外国人保養地：箱根や雲仙などの温泉も含まれる。明治 11 （1878）年開業の箱根の富士屋ホテルなどは日本におけるリゾート開発のさきがけとなる。
・政府要人や財閥関係者による別荘開発：熱海や別府など
・ドイツ人医学者のエルヴィン・フォン・ベルツ博士：草津温泉を医学的見地から世界的に紹介
・医学的な温泉の評価：政府や軍関係者による研究所や温泉施設の開発が進む

資料 4-9　油屋熊八と別府

・愛媛出身の相場師、明治 44 年に別府移住
・亀の井ホテルの創業、
・地獄めぐりの開発（地元では無用の長物）、
・バスガイド・ツアーの開発（不便な交通網）、
・「山は富士・海は瀬戸内・湯は別府」の標語、
・国内外の PR 活動、
・別府は温泉の「西の横綱」になる。

　次に、現在別府が外国人観光客の受け入れを積極的に行っている社会的な背景をわかりやすくするために、第二次世界大戦後の観光の歴史について簡単に述べた（資料 4-10, 4-11）。明治 44 年に別府において鉄道が引かれ、油

屋熊八のような卓越した仕掛け人が活躍し、別府は西日本を代表する温泉観光地として発展したが、豊富な温泉資源を十分活用することができた別府は第二次世界大戦後もまたさらに発展を遂げた。しかしながら、高度経済成長期やバブル経済期に施設が巨大化した別府では、個人や少人数のグループ旅行がトレンドになりつつある現代において新たな対策が必要になっている。

資料4-10　第二次世界大戦後の日本

・1960年代の高度経済成長期に職場の慰安旅行やその他の大規模な団体旅行が発展。
・別府や少なからぬ温泉地で宿泊施設が巨大化。
・1980年代後半のバブル経済期にリゾート法が制定（1987年）。
・シーガイアのような巨大施設が建設され、別府でも一部の温泉が大規模な増設。
・バブル経済崩壊後の不景気と個人旅行者の増加により、団体旅行向けの巨大施設は経営難に。

資料4-11　近年の別府

・高度経済成長期やバブル経済期に建設したが稼働率が下がってきている「箱物」を改修。
・新たなマーケットとして韓国や台湾などから外国人観光客の誘致に力を入れる。
・「ツーリズムおおいた」や「大学コンソーシアムおおいた」なども外国人観光客を促進させるための調査や実践を行う。
・「スパポート」という小冊子を温泉名人の景品つきで開発し、温泉好きの個人観光客のリピーターを着実に増やす。
・「別府八湯ウオーク」や「ハットウ・オンパク」、「泉都大祭」のような市民レベルのイベントの立ち上げ。

　最後に本題である別府観光の国際化について述べたが、筆者の役目は次の時間に観光関連の実務家が講演を行うための前座である。そのため、別府における国際観光についてあまり詳細な事例を挙げなかったが、簡単な観光客の動向と現在別府の国際観光が抱えている問題点について身近な例を用いながら紹介した（資料 4-12, 4-13, 4-14）。

資料 4-12　別府における外国人観光客

・平成 17 年度の別府市における観光客数：約 1170 万人（日帰りを含む）
・同年度の外国人観光客数：約 18 万人（ただし前年比 120 ％の増加）
・韓国や台湾、中国などアジア諸国からの観光客が多い。
・英語や他の日本語以外の言語による対応が重要。
・出典：朝水 編（2007）34 頁

資料 4-13　ピクトグラムの例 1

〒
日本だけで通じる地図記号は外国人にとって理解しにくい

資料 4-14　ピクトグラムの例 2

？
英語語源の記号は比較的理解されやすい

4.7 おわりに

　以上、APU において行われた、教育改革について、観光関係の授業を中心にまとめてきた。APU は英語教育で注目されることが多いが、多言語教育やアクティブ・ラーニング、クオーター制の導入など、日本においては先駆的な取り組みを行ってきた。これらの取り組みの一部は、第 2 章で述べたように、現在では山口大学などの他大学でも取り入れられている。

　本章の後半で紹介した「別府学入門」であるが、このような地域学のオムニバス授業は「大分学」や「山口学」など、各地の大学で行われている。しかし、インバウンド観光が注目されている現在、地元の人の視点だけでなく、観光客目線に近い外部の人の視点も取り入れることもまた重要であろう。

参考文献

APU（2019）『APU Data Book』APU

APU（2018）「国連世界観光機関（UNWTO）の観光教育認証「TedQual 認証」を取得！」http://www.apu.ac.jp/home/news/article/?storyid=2961, 2020 年 4 月 6 日閲覧。

APU（2011）*APU Story,* APU

APU（2007）「異文化体験プログラム「FIRST」プレゼンテーション大会を開催」http://www.apu.ac.jp/home/news/article/?storyid=521, 2020 年 4 月 6 日閲覧。

APU（2005a）「「2005 世界観光学生サミット」閉幕」http://www.apu.ac.jp/ home/news/article/?storyid=210, 2020 年 4 月 6 日閲覧。

APU（2005b）「「収容定員の増加に係る学則変更」が文部科学省に認可されました」http: //www. apu.ac.jp/home/news/ article/?storyid=175, 2020 年 4 月 6 日閲覧。

APU（2006a）「CAP ガイダンスを開催しました!!」 http://www. apu.ac.jp/home /news/article/?storyid=339, 2020 年 4 月 6 日閲覧。

APU（2006b）「APU が文部科学省の 2006 年度現代 GP に採択されました」http://www.apu.ac.jp/home/news/article/?storyid=344, 2020 年 4 月 6 日閲覧。

朝水宗彦編（2008）『アジア太平洋の人的移動』オフィス SAKUTA

朝水宗彦（2007）『開発と環境保護の国際比較』嵯峨野書院
朝水宗彦編（2007）『外国人観光客受け入れのための大分県内留学生等による観光地調査成果報告書』大学コンソーシアムおおいた
朝水宗彦（2004）『持続可能な開発と日豪関係』くんぷる

＊本稿は、2008 年観光ホスピタリティ教育学会全国大会発表論文「オムニバス授業における観光教育」を大幅に加筆したものである。

第5章

MICE の応用としての算盤国際競技会の検討

郭 淑娟

5.1 はじめに

　最近、観光政策の分野では、MICE が注目されている。MICE とは、企業等の会議（Meeting）、企業等の行う報奨・研修旅行（インセンティブ旅行）（Incentive Travel）、国際機関・団体、学会等が行う国際会議（Convention）、展示会・見本市、イベント（Exhibition/Event）の頭文字を使った造語で、これらのビジネスイベントの総称である。国土交通省観光庁（2020d）によると、世界全体の国際会議の開催件数は年々増加の傾向にある。その中で、2018年の MICE の開催状況については、世界全体における国際会議開催件数が12,937 件、日本における国際会議開催件数が 492 件であり、日本は世界第 7位であった。観光政策の分野では、この MICE の経済や文化の振興への波及効果に注目し、MICE を活用しようとする動きが活発になってきている。

　こうした中、UNWTO（2017）は、2006 年に、ICCA（the International Congress and Convention Association）、MPI（Meeting Professionals International）などと共同で、「会議関連産業」（meeting industry）の直接的な影響と価値を計測して、観光サテライト勘定（Tourism Satellite Accounting：TSA）を構成するための方法について合意した。この "MICE TSA" により、ホテルの客室、食事、小売、航空、陸上交通などに「会議関連産業」が影響を与えることや、会議等（Meetings, Conventions, and Exhibitions）が、非旅行産業のサプライチェーンにも広範かつ深く影響を与えることが明らかになった。

　そして、観光政策の分野で、MICE が経済を活性化させる効果が注目されるようになった。例えば、観光庁（2020d）は、MICE の効果として、1）ビジネス・イノベーションの機会の創造、2）地域への経済効果、3）国・都市の競争力向上を挙げている。より具体的には、「MICE 開催を通じて世界から企業や学会の主要メンバーが我が国に集うことは、我が国の関係者と海外の関係者のネットワークを構築し、新しいビジネスやイノベーションの機会を呼び込むことにつながります」、「MICE 開催地域を中心に大きな経済波及効果を生み出します」、「一般的な観光客以上に周辺地域への経済効果を生み出すことが期待されます」、「ビジネスや研究環境の向上につながり、都市の競争力、ひいては、国の競争力向上につながります」などの MICE の効果を説明している。

5.2　研究背景と目的

　このような状況から、日本の政府も、国際会議や展示会などの MICE が、その経済波及効果の大きさやビジネス機会の創出効果等、幅広い社会経済的意義を有することを認識し、政策に取り入れ始めた。観光庁（2020d）によると、日本の政府は、日本と市場で競争しているアジア等の諸国が誘致に向け積極的に取り組みを進めているため、MICE の誘致の国際競争が激化し、日本の競争力が相対的に低下しつつあることの懸念を示した。そして、日本の政府は、「MICE 国際競争力強化委員会」を開催し、MICE 誘致・開催推進の取組[注1]を進めている。本稿では、このように、世界と日本の観光政策の中で重要な役割を果たしつつある MICE を活用して、日本の文化活動としての算盤の振興を図る方法について考える。

注 1　観光庁 (2020d) によると、MICE 誘致・開催推進の取組としては、ブランディングとしての「MICE ロゴマーク申請」、都市を選定し、国として支援を行うとともに、各地域の関係者の連携を強化し、都市の自律的な取組を促す「グローバル MICE 都市」、産業界や学術分野において国内外に対し発信力やネットワークを有する方々を日本の「MICE アンバサダー」になってもらう「MICE アンバサダープログラム」、会議やレセプション開催時に、歴史的建造物や公的空間等で特別感や地域特性を感じさせる会場である「ユニークベニュー」の開発・利用促進などを行っている。

　新型コロナ・ウィルス肺炎の流行に対処するため、最近の世界の観光業は深刻な低迷に直面している。しかし、状況が落ち着けば、より高度な水準の競争が世界の観光産業の間で活発になるであろう。その中で、MICE の果たす役割も再び大きくなると考えられる。現在、算盤は、日本国内では民間の中小の教育事業者によって伝承されている。この「算盤」という日本の文化活動を振興させるために、MICE の文脈で国際競技会を活用するというアイデアを紹介し、若干の検討を行い、算盤の国際競技会に向けての問題提起を行うことを目的とする。

5.3　算盤に関する先行研究の紹介

　算盤熟達者の能力を、心理的な側面から解明しようとした先行研究としては、冷水（1997）がある。この研究では、珠算式暗算の熟達者が、視覚的または聴覚的に入力した数の情報を、算盤イメージという形態で視覚・空間的に理解して処理していることを明らかにした。そして、珠算式暗算が上手になることは、決まった動作になれて上手になることの典型例として重要だと説明している。また、算盤熟達者の計算能力を脳メカニズムの視点で解明しようとした先行研究としては、浜田（2007）がある。この研究では、算盤熟達者の能力は空間位置を処理する視覚神経系に依存していると説明している。さらに、工場内のものづくり作業・スポーツ・珠算を較べると、眼・手指・頭脳を使うという点および空間情報が重要だという点で共通していると述べている。最後に、算盤の能力をものづくりのスキルの考察に応用することの問題提起につなげようとしている。

　これらの先行研究は、算盤の技能をほかの分野に使ったり、算盤学習の効果について考えたりする際の基礎資料にも活用できると考えられる。

　また、山田（1982）は、「播州そろばん」の産地の形成と変貌に関する調査研究を行った[注2]。この研究では、算盤の流通の問題を分析し、「播州そろば

注2　山田（1982）によると、日本の算盤生産の始まりは、室町時代の末期に算盤が日本に渡来した約100年後、京都の近くの大津で作られるようになった「大津そろばん」である。やがて、算盤の普及につれて全国各地で生産されるようになったが、兵庫県の小野市を中心

ん」の産地が発展する上での課題について検討した。この研究は、日本の算盤の文化の一翼を担う産業の競争力を維持しつつ、文化活動の持続可能性を確保するための検討において重要な示唆を与える基礎資料になり得ると考えられる。

5.4 算盤の歴史

ここでは、はるか昔、数字が開発される以前から計算手法が存在していた可能性があることを振り返った後、古代の計算用具が変化して、やがて現代の日本の算盤に至るまでの変遷の歴史を概観する。

最初に、算盤が考案される前の数の計算について振り返る。J.M. プッラン (1974) によると、ストーンヘンジの建造より数千年前に生存した原始人たちが、自然の出来事の順序に関して何らかの数的秩序を見出そうとしていたらしいことの証拠がある。さらに、古典古代の計算手法については、考古学の証拠の文献資料があり、その存在についてはるかに確信を持つことができると述べている。

続いて、古代から近世までの計算用具の歴史を概観する。トモエ算盤株式会社 (2016) によると、計算用具の始まりは、紀元前 3000 年頃、メソポタミア地方に住んでいる人たちが使っていた「砂そろばん」が始まりといえる。その後、計算用具は、時代とともに発達し、紀元前 2500 年ごろになると、盤の上に線を引き、その上にコインの形をした玉を並べて計算する「線そろばん」が、エジプト、ギリシャ、ローマなどで広く使われるようになった。そして、紀元前 400〜紀元前 300 年頃には、盤の溝に玉をはめ込んだ「溝そろばん」がローマに出現し、約 1700 年前の漢の時代の文献『数術記遺』には、「溝そろばん」に似た算盤の記述がある。また、中国では、長い間、「算木」と呼ばれる計算用具を用いて中国独自の計算方法を行っており、この算木と九九は日本に渡来した。さらに、中国に「算盤」という言葉が出てくるのは、

とする「播州そろばん」と、島根県の仁多町・横田町にわたる「雲州そろばん」が主流となり、地方型地場産業として産地を形成した。

1366 年、元の時代に書かれたとされる書物であり、この頃には、中国でも庶民の生活の間で、算盤が広く普及していたようであると説明している。

　また、日本の算盤の歴史については、トモエ算盤株式会社（2016）が次のように述べている。中国から日本に算盤が渡ってきたのは、16 世紀の終わりの室町時代であり、現在のものと異なり、五玉が 2 つ、一玉が 5 つの形状をしていた。戦乱のない江戸時代は、商業がますます盛んになり、計算の必要性も高も高まり、商人はもちろん、武士、庶民の間にも、算盤が広く普及していった。そして、子供たちも寺子屋で「読み・書き・そろばん」を習うようになったと述べている。江戸時代の算盤は、中国から伝わった五玉が 2 つ、一玉が 5 つの形状をしていた。しかし、明治時代になると、五玉が 1 つ、一玉が 5 つになり、現在の五玉 1 つ、一玉 4 つになったのは、昭和に入ってからであると説明している。

　次に、最近の世界における算盤とそれに類似する計算用具について振り返る。J.M. プッラン（1974）は、算盤について次のように説明している。一般に算盤と呼ばれている珠枠計算機は、中国、日本、ロシア、その他の東洋諸国で用いられている。そして、特に、日本のものは、精巧につくられた高級な器具であり、熟練者は、かなりの速度と効率で使いこなしている、と述べている。ただし、日本の学校では児童が十歳以上にならないと算盤を使わないし、特別の算盤の学校へ通うことも場合によっては必要であるだろう、と述べて、算盤を使う技術がそう簡単に身につくものではないことを説明している。このことから、日本の算盤は世界の中でもまれな高度な計算用具であり、それを使いこなすことができる技能は、現代の世界においてもかなり高度な計算能力と言えることがわかる。

5.5　算盤の効用

　続いて、算盤の効用について、教育面と社会経済の面から説明する。冷水（1997）は、算盤に固有な数値表現が、基本的な数概念や計算手続きを学習する初歩の算数教育の中で、有効な教具になる可能性があると述べている。そ

して、数学教育においては、一般的には、具体的な数の操作から記号を使った抽象的な操作へと、段階的な学習を進めていくのが良いとされており、その際に、算盤を導入すれば、さらに学習が促進されるのではないかと指摘している。また、珠算学習による波及効果として、「数値計算、暗算、数処理に関する能力の伸び」、「読書の成績の伸び」などの例を挙げている。このように、算盤にはある種の学力の向上に貢献する効用があると言える。

　次に、社会経済的な算盤の効用について説明する。例えば、最近では、いくつかの算盤の団体が講座や競技大会の開催に取り組んでいる。以下では、3つの団体の例を紹介する。

　1986 年以来、一般社団法人大阪珠算協会は、「科学技術万能の時代にそろばんの存立意義を外国の知識層に問いかける」ことを目的として、大阪商工会議所とともに「外国人のための算盤講座」を共催してきた。そこでは、講座での指導を通じて、機械・科学中心の現代社会でも、「コンピュータに代表される IT の発達・普及とそろばんの活用はたがいに共生すること」、「そろばんは人間の基本的能力を磨き、身につけていく技術であり、そのトレーニングの過程でえられる忍耐力・向上心などは、正に教育の基礎・基本をなすものであり、機械化の弊害を薄めるものだということ」、「算盤指導を通じて世界と文化交流を深める中で、国際親善を実践し、指導者の国際感覚も磨かれた」ことなどがわかり、算盤は意義が大きく、社会に貢献するものであると実感したことを述べている。

　また、2019 年 8 月に全国珠算教育団体連合会が主催した「世界そろばんフェスティバル」は、見学者、スタッフ等合わせて 1,694 名が参加した。そこでは、算盤交流、フラッシュ暗算[注3]、シンポジウム、自国の伝統的踊りの披露などが行われ、最後には、参加者全員で「東京五輪音頭2020」を踊った。

　さらに、日本国際そろばん協会は、国際基準の競技大会を開催した。この大会は、日本から算盤の情報を発信することで、世界の珠算と算盤に関わる業界の活性化を図ることを目的とした。2019 年 7 月には、ワールド・アバカス・クラシックを京都で開催した。これは、暗算の試合などの競技大会であった。

注3　パソコンの画面などに表示される数値を足し合わせるなどの計算を暗算で行う。

　上述の国内のイベントの他に、台湾の新竹市で行われた国際大会などの事例が数多くある。また、山内 (2019) は、1990 年代から、海外で算盤を活用した暗算教室が急増し、日本の算盤人口が 60 万人であるのに対し、世界中では 1,000 万人を超える生徒が珠算式暗算教室に通っていると述べている。

　このように、近年は、日本の国内と海外の両方で、算盤の国際的な競技大会[注4]が開催され、数多くの国の選手が参加している。このことから、国際的な算盤のイベントを日本国内で開催すれば、文化振興や経済波及効果の面で効用があると考えられる。

5.6　算盤の MICE への活用

　観光庁ウェブサイト (2020d) によると、MICE とはミーティング、インセンティブ、コンベンション、エキシビション/イベントを総称した用語である（図5-1）。コロナ・ウィルスへの対応に迫られる中、最近の世界の観光産業は急速な低迷に直面しているものの、事態が収束した後には、再び、新しい安全基準のもとで MICE などを活用したインバウンド誘致の取り組みを活発化させる必要があると考えられる。

　日本の算盤を使った算盤の学習や競技を日本の個性的な文化活動として捉えるならば、算盤の国際競技会は、観光庁の MICE の定義における「大会(M)」「学会や団体が開催する大規模な会議（C）」「文化イベント（E）」などに該当すると考えられる。そのため、算盤の国際大会の誘致は、日本のインバウンド観光政策の枠組みの中でも、有望な選択肢の一つとなる可能性があると言えよう。よって、以下では、MICE としての算盤の国際競技会について考える。

　なお、算盤の国際競技会が、観光政策の視点で有効な MICE として成立するためには、まず、この競技会が、「ビジネス・イノベーションの機会の創造」、

注4　例えば、全国珠算教育連盟（2020）「競技大会　珠算世界大会（世界城市杯）台湾・新竹市にて開催」https://88okinawa.jp/珠算世界大会（世界城市杯）台湾・新竹市にて開/,2020 年 3 月 28 日閲覧。

MICE（マイス）とは

> MICEとは、ミーティング、インセンティブ、コンベンション、エキシビション／
> イベントを総称した用語。
> MICEには開催地における高い経済効果やビジネス機会、イノベーションの
> 創出等が期待される。
> ※インセンティブやコンベンションを含めて広義のミーティングとも一般的に呼称される。
> 欧米諸国ではMICE全般を指してビジネスミーティング・ビジネスイベントと称する場合も多い。

M Meeting	主に企業がグループ企業やパートナー企業などを集めて行う企業会議、大会、研修会等の会合（＝コーポレートミーティング）を指す。 例：海外投資家向け金融セミナー、グループ企業の役員会議　等
I Incentive	企業が従業員やその代理店等の表彰や研修などの目的で実施する旅行のことで、企業報奨・研修旅行と呼ばれる。 例：営業成績の優秀者を集めた旅行等。
C Convention	いわゆる国際会議であり、学会や産業団体、さらには政府等が開催する大規模な会議を一般的に指す。 例：北海道・洞爺湖サミット、国連防災世界会議、世界水フォーラム、世界牛病学会等。
E Exhibition /Event	国際見本市、展示会、博覧会といったエキシビションや、スポーツ・文化イベントなど大小さまざまなものが含まれる広範な概念である。 例：東京国際映画祭、世界陸上競技選手権大会、国際宝飾展、東京モーターショー等。

出典：観光庁ウェブサイト（2020d）「MICE の誘致・開催の推進」より、筆者作成。

図 5-1　：MICE とは

「地域への経済効果」、「国・都市の競争力向上」[注5]に貢献する必要がある。また、UNWTO（2017）が指摘している通り、MICE は、「投資の効果」（return of investment：ROI）のみならず、「目的の効果」（return of objective：ROO）も重視されるようになってきている。このことを考慮すると、MICE としての算盤の国際競技会は、算盤の技術の普及や算盤の文化振興という視点での貢献も求められることになると言えよう。以下では、このような MICE の多面的な効果を考慮しながら、算盤の国際競技会について考える。

注 5　観光庁（2020d）「MICE の誘致・開催の推進」http://www.mlit.go.jp/kankocho/shisaku/ koku-sai/mice.html#igi,2020 年 3 月 25 日閲覧。

5.7 算盤の教育産業の概況

　上述のような MICE の文脈での算盤の国際競技大会を活発化するためには、例えば、「算盤競技の国際ルールを普及させる」、「競技会の運営体制を確立する」などの他に、「世界中で算盤競技会に参加する競技人口を増やす」という作業が求められるであろう。そこで、本稿の検討の最後に、「平成 28 年経済センサス　活動調査」のデータをもとに、日本での算盤の教育を担い、算盤競技の選手候補を輩出する役割を担っている「教育，学習支援業 8244 そろばん教授業」の概況を確認し、このデータからわかる範囲での若干の検討を行いたい。

　以下の図 5-2 と図 5-3 の 2 つのバブルチャートは、以下に示した "表 5-1：「そろばん教授業」などの状況" の「学習塾」及び「教養・技能教授業」のデータをもとに、図 5-2 横軸：事業所数（個所）、縦軸：売上高（百万円）、バブルの大きさ：受講生数（会員数）（人）を表示したものと、図 5-3 横軸：1 事業所当たり売上高（万円）、縦軸：受講生 1 人当たり売上高（円）、バブルの大きさ：1 事業所当たり受講生数（会員数）（人）を図示したものである。

表 5-1　「そろばん教授業」などの状況

産業細分類	事業所数	売上高 （百万円）	1事業所当たり 売上高 （万円）	受講生1人当たり 売上高 （円）	受講生数 （会員数） （人） （注2）	1事業所当たり 受講生数 （会員数） （人）
8231 学習塾	18,285	765,049	4,184	422,334	1,811,478	99
8241 音楽教授業	3,208	100,753	3,141	167,264	602,359	188
8242 書道教授業	225	4,765	2,118	60,070	79,324	353
8243 生花・茶道教授業	75	4,797	6,396	94,744	50,631	675
8244 そろばん教授業	591	3,455	585	80,441	42,951	73
8245 外国語会話教授業	4,859	184,754	3,802	264,726	697,906	144
8246 スポーツ・健康教授業	4,191	284,778	6,795	157,133	1,812,333	432
8249 その他の教養・技能教授業	5,934	467,755	7,883	165,206	2,831,341	477

注1：「事業所数」、「売上高」、「1事業所当たり売上高」、「受講生1人当たり売上高」、「受講生数（会員数）」
　　　及び「1事業所当たり受講生数（会員数）」は必要な事項の数値が得られた事業所を対象として集計した。
注2：「8231 学習塾」については、「受講生数（在籍者数）」を対象として集計した。

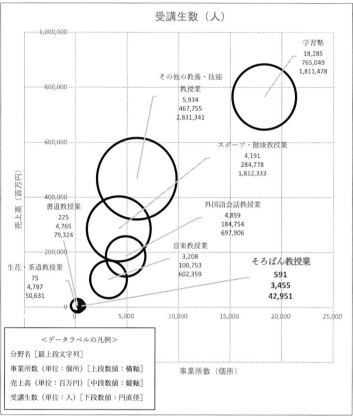

表 5-1 のデータをもとに筆者作成。

図 5-2 ：「そろばん教授業」と他の学習塾等との「事業所数」「売上高」「受講生数」の比較

　まず、上の**図 5-2** から、「そろばん教授業」は、「学習塾」及び「教養・技能教授業」の他の事業分野と比べると、事業所数、売上高、受講生数のいずれも少ない、小さい産業であることがわかる。

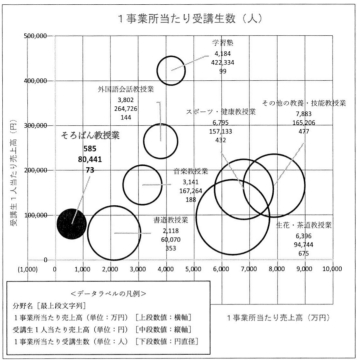

表 5-1のデータをもとに筆者作成。

図 5-3 　：「そろばん教授業」と他の学習塾等との「1 事業所当たり売上高」「受講生 1 人当たり売上高」「1 事業所当たり受講生数」の比較

　同様に、**図 5-3** から、「そろばん教授業」は、「学習塾」及び「教養・技能教授業」の他の事業分野と比べると、1 事業所当たり売上高、受講生 1 人当たり売上高、1 事業所当たり受講生数のいずれも少ない、小さい産業であることがわかる。

　図 5-2, 図 5-3 の図表の検討をまとめると、本稿で検討している「そろばん教授業」は、産業領域としての規模が小さいのみならず、平均的な事業所の規模や 1 事業所当たりの売上高が小さいことがわかる。ただし、このデータでは、例えば「受講生 1 人当たりの受講時間」や、「授業時間 1 時間当たりの売上高」を読み取ることができない。そのため、例えば、「そろばん教授業」が、(1)「時間当たりの授業料が安くて、しかも時間を考慮した利益率も低い

産業」なのか、(2)「規模の割に時間当たりの授業料が高いため時間を考慮した利益率はそれほど低くない産業」なのか、というような重要な産業の性質を特定することができない。

　仮に、「算盤競技人口を増加させる」という目的で、日本の「そろばん教授業」のビジネスモデルを活用することを考えるのであれば、既存の産業がそのまま国際展開させるのに都合の良いシステムなのか、それとも、何らかの改良すべき点があるのか、といったことを検討する必要があるであろう。その際には、上で述べた「受講生 1 人当たりの受講時間」や「授業時間 1 時間当たりの売上高」などの指標も必要となると考えられる。そのため、この分野の研究では、より広い範囲の関連データの探索や新しい調査研究の実施により、必要なデータを補うことが重要になるであろう。

5.8　まとめ

　本稿は、MICE のコンテンツの一つとして、算盤の国際競技会を開催するアイデアについて検討した。そして、算盤の国際競技会が、観光政策の視点で有効な MICE として成立する条件について考えた。そこでは、この競技会が、「ビジネス・イノベーションの機会の創造」、「地域への経済効果」、「国・都市の競争力向上」に貢献する必要があることや、MICE としての算盤の国際競技会は、投資対効果のみならず、算盤の技術の普及や算盤の文化振興という目的への貢献も求められることなどを述べた。また、「そろばん教授業」のデータの分析では、日本の「そろばん教授業」のビジネスモデルを「算盤競技人口を増加させる」という目的で活用するためには、既存の「そろばん教授業」のビジネスモデルが国際展開できる内容なのかを検討する必要があることなどを指摘した。これらは、算盤の国際競技会に向けての問題提起である。

　また、今後、上述のような「そろばん教授業」の経営戦略を検討する際には、費用や利益などの金銭面のみならず、経営やサービスの内容の検討も必要になるであろう。例えば、量的な側面としては、事業所の立地や教師の不

足注6など、質的な側面としては、提供されているサービスの魅力への認知度や既存のサービスに対する満足度、地域の文化への貢献度などの要素が考えられる。このことから、より広範囲のデータの探索や目的に沿った新しい調査の設計と実施など、新たなデータをより多く収集することが必要になる可能性もあると考えられる。これも、研究目的としての問題提起の一つである。

参考文献

観光庁（2020a）「委員会・審議会等　MICE 国際競争力強化委員会」https://www.mlit.go.jp/kankocho/ mice_ kokusaikyousouryokukyouka .html, 2020 年 3 月 28 日閲覧。

観光庁（2020b）「近年の日本における MICE 開催状況」http://www.mlit.go.jp/kankocho/page 03_000047.html, 2020 年 3 月 25 日閲覧。

観光庁（2020c）「MICE とは」https://mice.jnto.go.jp/about-mice/ whats- mice.html, 2020 年 3 月 25 日閲覧。

観光庁（2020d）「MICE の誘致・開催の推進」http://www.mlit.go.jp/kankocho/shisaku/kokusai/mice.html#igi, 2020 年 3 月 25 日閲覧。

小泉吉永（2007）『「江戸の子育て」読本　世界が驚いた！「読み・書き・そろばん」と「しつけ」』株式会社小学館。

黄俊豪（2018）『"そろばん式暗算" が子どもの右脳を鍛える！シンプルだけど一番効果のある「地頭力」の伸ばし方』株式会社大和出版。

全国珠算教育団体連合会（2016）「世界そろばんフェスティバルが開催されました」https://syuzan-rengo.jp/index.html,2020 年 3 月 25 日閲覧。

全国珠算教育連盟（2020）「競技大会　珠算世界大会（世界城市杯）台湾・新竹市にて開催」https://88okinawa.jp/珠算世界大会（世界城市杯）台湾・新竹市にて開/,2020 年 3 月 28 日閲覧。

全国珠算連盟（2020）「活動内容」http://sfoj.or.jp/activity/,2020 年 3 月 28 日閲覧。

注6　教師の不足については、筆者が教育現場の管理職から直接聞いた話のほか、ネット上でも複数の声が上がっている。

総務省・経済産業省（2019）「産業別集計（「サービス関連産業 B」及び「医療，福祉」に関する集計）結果の概要」『平成 28 年経済センサス　活動調査』https://www.stat.go.jp/data/e-census/2016/kekka/pdf/serviceb.pdf,2020 年 3 月 22 日閲覧。

トモエ算盤株式会社（2016）『トモエそろばんの大人のそろばん塾』株式会社日東書院本社。

日本国際そろばん協会（2016）「WORLD ANZAN CLASSIC in KYOTO July.28.2019」http://www. jisa.tokyo/,2020 年 3 月 25 日閲覧。

日本国際そろばん協会（2019）「第二回 WORLD ANZAN CLASSIC」http://abacus-studio.tokyo/wac_gaiyou.pdf,2020 年 3 月 25 日閲覧。

浜田隆史（2007）「そろばん熟達者の計算スキルと脳メカニズム」『日本人間工学会』第 43 巻特別号,348-349 頁。

冷水啓子（1997）「そろばんの心理」『桃山学院大学人間科学』(12),47-66 頁。

山内千佳（2019）「そろばんが数字に強くなる最適な手段のワケ　右脳トレーニングを目的にしている国もある」『東洋経済オンライン』東洋経済新報社、https://toyokeizai.net/articles/-/270432,2020 年 3 月 31 日閲覧。

山田通夫（1982）「環境変化と産地構造の変貌 (事例研究播州そろばん産地)」『神戸女学院大学論集』29(1),77-93 頁。

J.M.　プッラン著, 塩浦政男　訳（1974）『ソロバンの歴史　計算法の変遷』株式会社　みずず書房。

UNWTO（2017）「Overview of the Meetings Industry in Asia」https://www.e-unwto.org/doi/book/10.18111/9789284418565,2020 年 3 月 28 日閲覧。

第6章

日本における外国人訪問者：津和野の事例

ペルラキ　ディーネシュ

6.1　はじめに

　近年日本における外国人訪問者の増加は著しい。東京や大阪、京都など、大都市だけでなく、地方でも外国人観光客が少なからず見られる。しかし、急に外国人訪問者が増えたのに対し、その対策にはまだまだ改善の余地がある。本研究では、地方における外国人観光客の受け入れの現状とその課題について、島根県津和野町を事例として紹介したい。

6.2　日本における外国人訪問者に関する先行研究

　日本における外国人訪問者に関する調査は出入国管理や宿泊に関するものが少なくない。しかし、外国人観光客の利便性を図り、将来的にリピーターになってもらうためには、実際に日本で観光を体験した人々に対する実態調査が必要である。各地の実態調査の例として、国土交通省北海道運輸局による「外国人によるひとり歩き点検隊」の一連の報告書[注1]や長野県（2009）『外

注1　新千歳空港編は 2007 年に公刊され、その後道内の各空港や主要駅、外国人観光客
　　が多い観光地など、各地で実証調査を行っている。新千歳編は以下の通り。国土
　　交通省北海道運輸局（2007）「外国人によるひとり歩き点検隊―新千歳空港編―」
　　http://inbound-jp.info/wp-content/themes/inb/pdf/H18hitori_shintitose.pdf, 2020 年 4 月 20 日閲
　　覧。

81

国人旅行者の受入環境の整備に関する報告書』が挙げられる。

　全国的にみても、観光庁（2014）『観光立国実現に向けた多言語対応の改善・強化のためのガイドライン』が制定され、2015 年からは観光庁による訪日外国人旅行者受入環境整備事業に伴う一連のアンケート調査[注2]の公刊が行われている。観光庁のアンケート調査は主に国際線の就航している空港で行われているが、JNTO（2016）『訪日外国人旅行者の消費動向とニーズについて』では、複数の観光地でもアンケート調査が行われた。

　さらに、インバウンド観光の個々の事象に応じた調査が行われている。例えば観光庁（2016）『文化財の英語解説のあり方について』、観光庁（2018）『公共交通機関における外国人観光旅客利便増進措置ガイドライン』、観光庁(2018)「外国人観光案内所先進事例調査について」、国土交通省（2018）「鉄道分野におけるインバウンド受入環境整備について」、国土交通省と観光庁(2019)『小売分野の多言語対応に関する訪日外国人旅行者の意識調査』などが挙げられる。

　これらの一連の流れに伴い、実務者向けのマニュアルも整備されていった。例えば、農林水産省（2016）『飲食事業者のためのインバウンド対応ガイドブック』、観光庁（2020）『地域観光資源の英語解説文作成のためのライティング・スタイルマニュアル』、観光庁（2020）『魅力的な多言語解説作成指針』などの一連のマニュアルが発行されている。

注2　2014 年 11 月から 2015 年 2 月にかけて、成田、関空、羽田、新千歳、那覇の各空港と長崎港で調査（サンプル数 7939 人：総務省・観光庁（2016）「訪日外国人旅行者の国内における受入環境整備に関する現状調査」結果」http://www.mlit.go.jp/common/001115689.pdf, 2020 年 4 月 25 日閲覧）。2016 年は 8 月から 10 月まで成田、羽田、関空、新千歳、福岡の空港や各地の観光案内所で調査（サンプル数 5,332 人：観光庁 (2017)「訪日外国人旅行者の国内における受入環境整備に関するアンケート」結果」http://www.mlit.go.jp/common/001171594.pdf, 2020 年 4 月 25 日閲覧）。2017 年は 9 月と 10 月に成田、羽田、関空、新千歳、福岡、那覇の各空港で調査（サンプル数 3,225 人：観光庁 (2018)「訪日外国人旅行者の受入環境整備における国内の多言語対応に関するアンケート」結果」https://www.mlit.go.jp/common/001226100.pdf, 2020 年 4 月 25 日閲覧）。2018 年は 1 月から 12 月まで成田、羽田、関空、福岡の各空港で調査（サンプル数 4037 人：観光庁 (2019)「訪日外国人旅行者の受入環境整備に関するアンケート」結果」https://www.mlit.go.jp/common/001281549.pdf, 2020 年 4 月 25 日閲覧）。2019 年は成田国際空港、東京国際空港、関西国際空港、新千歳空港、福岡空港で 9 − 11 月に調査（サンプル数 4006 人：観光庁（2020）「令和元年度「訪日外国人旅行者の受入環境整備に関するアンケート」調査結果」http://www.mlit.go.jp/kankocho/content/001333861.pdf, 2020 年 4 月 25 日閲覧）。

　政府や今まで外国人観光客が多かった地方自治体だけでなく、インバウンド観光客が増えつつある地域でも研究が行われている。山田（2017）は山形県の大学の日本人学生と留学生による実地調査から、地方におけるインバウンド観光の可能性とその問題点について考察している。原（2019）は高松空港を利用した外国人観光客にアンケート調査を行い、地方におけるインバウンド観光の実態を考察した。宮嶋と平良（2018）は香川県と佐賀県、沖縄県の成功事例から、遠隔地でのインバウンド観光の成功要因について考察した。

6.3　日本におけるインバウンド観光の現状と課題

　日本における外国人観光客であるが、旅行中に様々な問題を抱えている。ここで、観光庁が毎年実施している、「訪日外国人旅行者の国内における受入環境整備に関するアンケート」を見ていきたい。

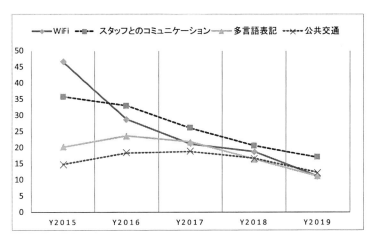

出典：2015 年は総務省・観光庁（2016）「「訪日外国人旅行者の国内における受入環境整備に
　関する現状調査」結果」、2016 年以降は各年の観光庁「「訪日外国人旅行者の国内における受入
　環境整備に関するアンケート」結果」から抜粋。

図 6-1　訪日客が旅行中に困ったこと（複数回答：単位%）

　この訪日外国人の調査によると 2015 年の時点では Wi-Fi 環境の不備が最

大の課題であったが、これは急速に改善されていった。標識などの多言語表記も徐々に改善されていったが、スタッフとのコミュニケーションが改善されつつも課題として残っている。公共交通機関は横ばいであるが、さらなる改善の余地もあるだろう（図 6-1）。

　ただし、都市部と地方では状況が異なっている。下図は 2019 年の観光庁の訪日観光客の調査であり、訪問地で便利だと感じたものを調べている。都市部では訪日観光客の受け入れ整備が進んできているが、地方ではまだまだ利便性が低い。特に、公共交通機関や Wi-Fi の整備は大いに改善が必要である（図 6-2）。

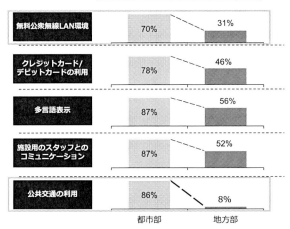

＊この図における都市部とは東京、神奈川、千葉、埼玉、愛知、大阪、京都、兵庫を指す。
出典：観光庁（2020）「令和元年度「訪日外国人旅行者の受入環境整備に 関するアンケート」調査結果」http://www.mlit.go.jp/kankocho/content/001333861.pdf，2020年 4 月25日閲覧。

図 6-2　訪日客が旅行中に便利だったこと

6.4 津和野におけるインバウンド観光の現状と課題

　少し古い資料になるが、観光庁の報告書（調査は ITR が 2010 年に実施）[注3]によると、外国人観光客の 64 ％が日本の食事を期待して来日している。さらに、英語圏の観光客の場合、日本の伝統的な風景や自然景観を求めており、地方への訪問が期待される（**表 6-1**）。

表 6-1　**外国人旅行者のニーズ**

	合計	英語	中国語簡体字	中国語繁体字	韓国語
日本の食事	64.0%	60.6%	66.40%	84.20%	54.50%
ショッピング	51.6%	32.7%	70.10%	71.90%	40.90%
温泉	45.0%	20.2%	69.20%	38.60%	48.20%
自然景観、田園風景	40.5%	50.0%	27.10%	40.40%	44.50%
伝統的な風景、旧跡	34.9%	54.8%	19.60%	31.60%	32.70%

回答者367
外国人旅行者のニーズ把握調査、JTB 平成22

出典：観光庁（2011）『博物館等の文化施設における外国人旅行者の受入に関する調査業務』18頁

　しかし、外国人観光客が実際に地方へ訪問する場合、いくつかの問題点がある。ここで、津和野町の例を用いながら解説したい。まず、津和野への移動と津和野についてからの移動の問題点がある。津和野へは JR の在来線で移動できるので、特急を使った場合は最寄りの新幹線駅の新山口からとりあえず乗り換えなしで訪問できる。しかし、津和野駅からの移動は日本語が分からなければ困難である。

　筆者が津和野の日本遺産センターで働いていたころ、津和野駅にスペイン人の個人客がやってきた。そのスペイン人は「道の駅なごみ」の温泉に行き

注3　訪日外国人旅行者向け国内パッケージツアー（ＪＴＢグローバルマーケティング＆トラベル主催「サンライズツアー」）参加者を対象とした自記入式アンケート調査（調査期間：平成22年11月〜12月）。英語104サンプル、中国語簡体字107サンプル、中国語繁体字57サンプル、韓国語110サンプル、合計378サンプルの調査票を回収。観光庁（2011）『博物館等の文化施設における外国人旅行者の受入に関する調査業務』6頁。

たいとのことであり、筆者は津和野駅のバス停のことを教えたが、バスが来ても彼らは乗車できず、そのままバスは出発してしまった。この時の問題点は 2 つある。問題の 1 つ目はバス停の看板である。写真のように、津和野のバス停は日本語だけであり、ローマ字の表記がない。そのため、日本語が分からなければバス停があることすら分からない。

写真 6-1　津和野のバス停（筆者撮影）

　次に、バスの形が大型のバスではなくて普通車（バン）であることも問題点であった。地方ではコミュニティ・バスとして普通車を使うことがよくあるが、日本語が分からなければバス以外の車両をバスとして運用していることが分からない。

写真 6-2　津和野のバス（筆者撮影）

　他方、飲食店の情報であるが、遠隔地の割にはインバウンド対策が進んでいた。まず、英文の飲食店案内が津和野では整備されている。さらに、飲食店の店内に入ると、手書きで最低限の英語の案内が行われている。これは、地元の島根県立大学の学生たちがボランティアで行っているとのことであった。

写真 6-3　津和野の飲食案内（筆者撮影）

写真 6-4　英語による店内の説明（筆者撮影）

　次に、筆者は津和野にて飲食店のアンケート調査を行った。調査時期は
2018 年 3 月、調査対象は津和野観光協会メンバー (31 軒) で、津和野にある
飲食店の 97%に相当する。なお、メンバーのうち、6 軒は中心から離れてい
たので調査から外した（観光地外）。本研究の回答率は 84%であった。
　まず、英語のできるスタッフであるが、常駐しているのが僅か 14%であっ
た（図 6-3）。ただし、英語のメニューは全くないのは 38 %であり、大半の店
舗は不完全ながらインバウンド対応を試みている（図 6-4）。これは、先述の
ように、島根県立大学の学生たちがボランティアでメニューの英訳を行って
いることが大きく影響している。なお、日本語が分からなくても、メニュー
に写真等があれば理解しやすい。しかし、文字だけのメニューが 38%である
ため、改善の余地がある（図 6-5）。

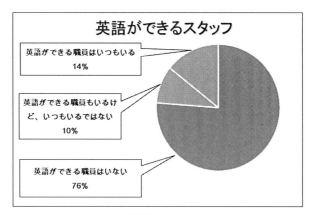

図 6-3　英語ができるスタッフ

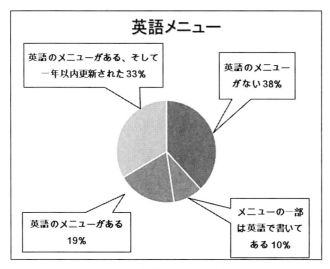

図6-4　英語メニューの有無

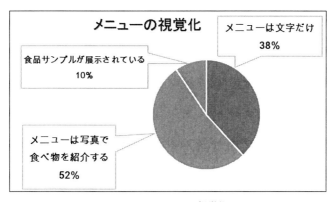

図6-5　メニューの視覚化

　さらに、アンケートの他の項目の結果を紹介したい。まず、トイレである
が、洋式が少数派であり、和式のトイレに慣れない外国人観光客にとって不
便である（**図6-6**）。Wi-Fi に至ってはさらに少なく、わずか9％しか設置さ
れていなかった（**図6-7**）。

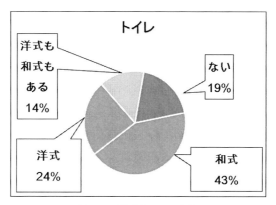

図 6-6　洋式トイレの有無

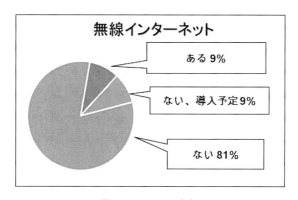

図 6-7　Wi-Fi の有無

6.5　おわりに

　以上、島根県津和野町における外国人観光客の受け入れ状況について考察してきた。観光庁の全国調査でも指摘されているが、地方では公共交通機関や Wi-Fi の点でインバウンド対策の問題が大きい。しかし、津和野の飲食店は地元大学の学生ボランティアの貢献もあり、遠隔地の割にはインバウンド対応が進んでいる。

参考文献

原直行（2019）「香川県におけるインバウンド観光客の動向」『香川大学経済論叢』92(1)，125-141 頁

JNTO（2016）『訪日外国人旅行者の消費動向とニーズについて』JNTO

観光庁（2011）『博物館等の文化施設における外国人旅行者の受入に関する調査業務』観光庁

観光庁（2014）『観光立国実現に向けた多言語対応の改善・強化のためのガイドライン』観光庁

観光庁（2016）『文化財の英語解説のあり方について』観光庁

観光庁(2017)「「訪日外国人旅行者の国内における受入環境整備に関するアンケート」結果」http://www.mlit.go.jp/common/001171594.pdf, 2020 年 4 月 25 日閲覧

観光庁(2018)「「訪日外国人旅行者の受入環境整備における国内の多言語対応に関するアンケート」結果」https://www.mlit.go.jp/common/001226100.pdf, 2020 年 4 月 25 日閲覧

観光庁（2018）『公共交通機関における 外国人観光旅客利便増進措置ガイドライン』観光庁

観光庁(2018)「外国人観光案内所先進事例調査について」https://www.mlit.go.jp/common/001243000.pdf7, 2020 年 4 月 20 日閲覧。

観光庁(2019)「「訪日外国人旅行者の受入環境整備に関するアンケート」結果」https://www.mlit.go.jp/common/001281549.pdf, 2020 年 4 月 25 日閲覧

観光庁(2020)「令和元年度「訪日外国人旅行者の受入環境整備に関するアンケート」調査結果」http://www.mlit.go.jp/kankocho/content/001333861.pdf, 2020 年 4 月 25 日閲覧

観光庁（2020）『地域観光資源の英語解説文作成のためのライティング・スタイルマニュアル』観光庁

観光庁（2020）『魅力的な多言語解説作成指針』観光庁

国土交通省（2018）「鉄道分野におけるインバウンド受入環境整備について」https://www.kantei.go.jp/jp/singi/kanko_vision/kankotf_dai18/siryou2. pdf, 2020 年 4 月 20 日閲覧

国土交通省，観光庁（2019）『小売分野の多言語対応に関する訪日外国人旅行者

の意識調査』観光庁

国土交通省北海道運輸局（2007）「外国人によるひとり歩き点検隊─新千歳空港編─」http://inbound-jp.info/wp-content/themes/inb/pdf/H18hitori_shintitose.pdf, 2020 年 4 月 20 日閲覧。

宮嶋孝之、平良友祐（2018）「インバウンド需要の地方圏への波及に向けた鍵は何か」https://www.mizuho-ri.co.jp/publication/research/pdf/ insight/jp180312a.pdf7, 2020 年 4 月 20 日閲覧。

長野県（2009）『外国人旅行者の受入環境の整備に関する報告書』長野県

農林水産省（2016）『飲食事業者のためのインバウンド対応ガイドブック』農林水産省

総務省・観光庁（2016）「「訪日外国人旅行者の国内における受入環境整備に関する現状調査」結果」http://www.mlit.go.jp/common/001115689.pdf, 2020 年 4 月 25 日閲覧

山田浩久（2017）「地方観光地のインバウンド観光に大学の能動的関与が果たす役割」『季刊地理学』69，50-65 頁

第7章

島根県における「田舎ツーリズム」に関する一観察 —邑南町の事例から

リシャラテ　アビリム

7.1　はじめに

　日本では、海、山、農村地帯に自然環境と四季の変化がある。そして、その土地ごとの伝統と文化、生活習慣、農産業など地域の独自な風土や地域性がある。これらの多様性はグリーン・ツーリズムという田舎ツーリズムの魅力となっている。同時に、こうした日本各地に残る風土の味わいを楽しむことになり、それらが「日本」らしいグリーン・ツーリズムの魅力となっている。

7.2　研究目的と研究方法

　本研究は、島根県邑南町（おおなんちょう）の地域の文化を観光資源として活用し、地域文化を保護しつつ今後の持続性を図りながら、地域の経済を活性化させることを両立さるための農村観光のあり方について検討することを目的としたものである。

　研究方法は、始めに、現在までに公開されている文献を活用し、基礎的な先行研究を行った。次に、先行研究で充分に明らかされてない部分、課題などについて現地調査を行い、参与観察、聞き取り調査などを実施して明らかになるよう分析した。

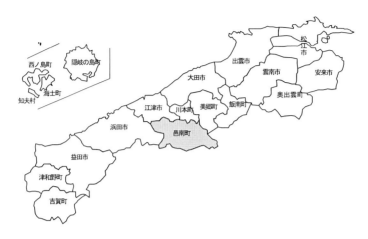

出典：島根県（n.d.）「平成23年10月以降の県内市町村図」
https://www.pref.shimane.lg.jp/admin/sichoson/sichoson_info/gappei/, 2020 年4月 18 日閲覧。

図 7-1　島根県の市町村

　島根県は過疎化が著しく、過疎化対策に関連した研究が少なくない。特に農村部における研究が盛んであり、県庁や地方自治体による報告書でもしばしば扱われている。本研究に関連のある公刊物として、林（2007）「中山間地域の地域づくりと都市農山漁村交流」や邑南町（2013）『住民と行政が連携したコミュニティツーリズム手法による地域振興計画の作成事業』などが挙げられる。

　さらに、島根県は専門の研究機関として中山間地域研究センターを 1998 年に設立した[注1]。本研究に関連した分野として、中山間地域研究センターは、「中山間地域の地域運営における都市住民の役割」、「都市住民を対象とした来訪型産業クラスターの構築に関する研究」、「中山間地域の自然や環境を利用した体験事業の推進に関する研究」などを公刊している。

注1　島根県（n.d.）「中山間地域研究センターとは」https://www.pref.shimane.lg.jp/chusankan/, 2020
　　　年 4 月 18 日閲覧。

7.3 島根県における中山間地域

　本研究では、現地調査に先立ち、島根県の多くの市町村の中から、中山間地域に注目した。そして、中山間地域の中から、本研究における農村観光に関連する調査研究の目的を達成できると思われる地域の選定を行った。

　中山間地域という言葉には様々な定義があるが、島根県では、平成11年3月に制定された「島根県中山間地域活性化基本条例」（以下「条例」）において中山間地域を「産業の振興、就労機会の確保、保健・医療・福祉サービスの確保その他の社会生活における条件が不利で振興が必要な地域」と定義している[注2]。同「条例」の対象地域は第一次産業が中心であったが、産業の衰退と過疎化が大きな問題となっている。

島根県中山間地域活性化基本条例前文

豊かな自然と文化資源に恵まれたわたしたちのふるさと島根県において、中山間地域は県土の大部分を占めており、地域住民の生活の場として重要な位置を占めているのみならず、土砂流出や洪水の防止、水資源涵養等の国土保全機能や大気の浄化等の環境保全機能など、県民生活を営む上で多面的かつ重要な機能を担っている。

しかしながら、中山間地域は、人口の著しい減少が続き、急速に高齢化が進行している。今や中山間地域の有する公益的機能の維持保全はもとより、その一部には地域社会の維持存続さえも危ぶまれる事態も生じている。

わたしたちは、このような厳しい状況を克服し、誇りの持てる地域づく

注2　島根県（n.d.）「中山間地域活性化基本条例」https://www.pref.shimane.lg.jp/life/region/chiiki/chusankan/chusankan-jyourei/, 2019年11月15日参照。

り、魅力ある雇用の場づくり、住みよい環境づくり、環境・資源の維持保全を実現して、豊かで住みよい中山間地域を形成することが、本県の均衡ある発展と県勢の振興を図る上において不可欠であると認識し、中山間地域の有する公益的機能を正しく理解し、中山間地域の活性化に向けて最大限の努力を払うことを決意し、この条例を制定する。

出典：島根県（n.d.）「島根県中山間地域活性化基本条例」https://www.pref.shimane.lg.jp/life/region/chiiki/chusankan/chusankan-jyourei/jyourei.html, 2020 年 4 月 18 日閲覧。

　島根県は中国地方で最大規模の中山間地域を有する。多くの中山間地域が直面する大きな問題として、過疎化がある。しかし、中山間地域には、観光業に対して活用できる可能性が高い様々な資源が潜在している。そのような資源を観光業にうまく活用できれば、それらは交流人口の増加のための魅力・特色になるだろう。

　中山間地域は島根県土の大部分の市町村を占めているが、豊かな自然と文化資源に恵まれている。中山間地域は、そのような地域に居住する住民の、昔から生きてきた、離れることができないふるさととして、重要な生活の場となっている。

　しかし、島根県の中山間地域は、著しい人口の減少が続き、急速に高齢化が進んでいる。このような厳しい状況の下、住みよい環境づくり、魅力ある観光地づくり、地域の現在の環境・資源の維持保全を実現し、豊かで住みよい中山間地域に変更していくため、地域の活性化に向けて最大限の努力が必要であろう。

　なお、島根県における市町村別の中山間地域の指定状況は次のとおりである。かっこ（　）の中は当該市町村数を指す。

> 1. 一部指定（4）
> 松江市、出雲市、益田市、安来市
>
> 2. 全部指定（15）
> 浜田市、吉賀町、津和野町、江津市、邑南町、大田市、川本町、美郷町、飯南町、雲南市、奥出雲町、隠岐の島町、西ノ島町、海士町、知夫村
>
> 出典：島根県(n.d.)「島根県の「中山間地域」の定義」https://www.pref.shimane.lg.jp/life/region/chiiki/chusankan/chusankan-jyourei/teigi.html, 2020年4月18日閲覧。

　同「条例」に基づくと、本研究の調査対象地域となった邑南町は、「中山間地域」として指定されている。山地が多く、農業地が少なく、そこに多くの邑南町の人々が居住し、過疎化問題を抱えている地域といえる。そして、過疎化問題の解決方法の一つとして観光開発があげられる。

7.4　しまね田舎ツーリズム

　島根県の中山間地域における観光開発の一例として、しまね田舎ツーリズムがある。ここで、しまね田舎ツーリズムの定義について述べたい。島根県庁によると、しまね田舎ツーリズムとは、「主として都市住民の方々に、農山漁村での体験や、民泊などを通じ、島根県の豊かな自然や文化、歴史、風土に触れていただくとともに、地域住民との交流を楽しんでもらおうという活動」のことである[注3]。

　しまね田舎ツーリズムは2005年に活動を開始し、しまね田舎ツーリズム

注3　島根県(n.d.)「しまね田舎ツーリズム10周年」https://www.pref.shimane.lg.jp/admin/seisaku/koho/photo/195/3.html, 2019年11月12日閲覧。

推進協議会がとりまとめを行っている[注4]。**図 7-2** のように、しまね田舎ツーリズムの体験者数は年々増えており、近年では年間 1 万人もの人々が体験を楽しんでいる。

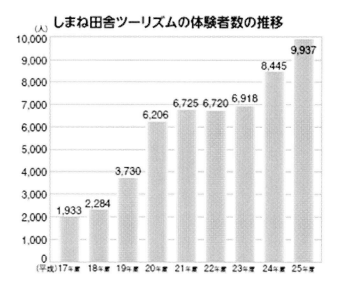

出典：島根県（n.d.）「しまね田舎ツーリズム 10 周年」
https://www.pref.shimane.lg.jp/admin/seisaku/koho/photo/195/3.html,
2019 年 11 月 12 日閲覧。

図 7-2　しまね田舎ツーリズムの体験者数

　しまね田舎ツーリズムの特徴として、宿泊サイトなどで広報できることが挙げられる。つまり、今まで徴収できなかった諸経費を体験料として徴収できる。また農家民泊[注5]として規制緩和の対象になれば、旅館業法の厳密な基準での施設の改修等は不要になる。本来、宿泊業を営むためには、食品衛生法や旅館業法の許可が必要であった。しかし、島根県は 2005 年から、体験

注4　しまね田舎ツーリズム推進協議会（n.d.）「しまね田舎ツーリズムとは」
　　https://www.oideyo-shimane.jp/about/2402, 2020 年 4 月 18 日閲覧。
注5　東京や大阪などの都市部ではマンション等を改築した民泊が急増しているが、農村部では
　　農家の自宅を活用した農家民泊が数多く見られる。都市部の民泊と区別するため、近年で
　　は農家民泊のことを「農泊」と呼ぶこともある。

者と共同で調理を行うことや体験者の宿泊料は徴収しないことなどを条件に、しまね田舎ツーリズム協議会に登録された受け入れ先で、調理や宿泊が提供できるようにした[注6]。現在ではレストランや民宿の資格を持っている農家民泊もあるが、一般的な農家民泊施設は以下のようになっている。

表 7-1　体験に伴う宿泊の注意事項

#1	ご利用に関しては事前に予約が必要です。
#2	普通の民家ですので、寝間着や洗面具などのアメニティ用品はございません。各自ご準備ください。
#3	体験メニューは各家庭ごとの独自メニューで対応します。内容・体験時間等により料金が異なりますので直接ご確認ください。
#4	受入家庭は親戚を迎える気持ちで接します。旅館や民宿とは違うことをご理解いただき、田舎の親戚に帰ってきたようなリラックスした気持ちで、普段着のままの田舎のおもてなしをお楽しみください。
#5	原則、食事の提供はお客様との共同調理となります。しまねのおいしい田舎料理を調理段階から一緒にお楽しみください。
#6	携帯電話がつながりにくい地域がありますので、受入家庭に事前にご確認ください。

出典：しまね田舎ツーリズム推進協議会（n.d.）「体験に伴う宿泊の注意事項」https://www.oideyo-shimane.jp/1457, 2020 年 4 月 18 日。

7.5 邑南町の概要

　先述のように、筆者は島根県の邑南町地域において、観光地を中心にフィールド調査を行った。本研究で現地調査を実施した現在の邑南町は、昔の 3 ヶ所の町から構成されている。それぞれの地域は、下記のとおりである。

注6　島根県(n.d.)「しまね田舎ツーリズム 10 周年」https://www.pref.shimane.lg.jp/admin/seisaku/koho/photo/195/3.html, 2019 年 11 月 12 日閲覧。

①羽須美村（旧）
②瑞穂町（旧）
③石見町（旧）

　次に、本研究の調査対象地域として邑南町を選定した理由について紹介する。島根県は日本海沿岸部に位置し、山が多く、人口の少ない県である。県庁所在地は松江市であり、17 世紀に造られた松江城は昔から多くの海外、国内観光客に人気されており、松江城の丘の上からは松江城周辺の景色を望むことができる。城の堀沿いにある塩見縄手には、江戸時代の家が並んでいる。松江の近くの町である出雲市もよく知られており、出雲大社がある。出曇大社は日本最古級の神社であり、大社の本殿の建築様式は個性的で、国内でも最大級の歴史が長い、貴重な建築様式の大社建造物である

　これらの著名な都市に対し、島根県には市町村合併で新たに誕生した町がいくつかある。それぞれが魅力的であるが、合併後の日が浅いこともあり、県外ではあまり名前が知られていないようである。そのうち、上記のように邑南町は 2003 年 10 月 1 日に羽須美村（旧）、瑞穂町（旧）、石見町（旧）の三町村合併により新しく誕生した。邑南町では「夢響きあう元気の郷づくり」をテーマに新しい町づくりがスタートした[注7]。合併後の名前の由来は以下のとおりである。

町名の「邑南」は古くから三町村の地域全体を表す名称として親しまれているとともに、「邑」には、小さな都、人の多く集まるところの意味があり、「南」には人情温かく産物が豊かに実り、和やかで将来に夢と希望を与える明るいイメージがあることから決定しました。

出典：邑南町 (2018)「邑南町の紹介」https://www.town.ohnan.lg.jp/www/contents/1001000000537/index.html, 2020 年 4 月 18 日閲覧。

注7　邑南町（2018）「邑南町の紹介」https://www.town.ohnan.lg.jp/www/contents/1001000000537/index.html, 2020 年 4 月 18 日閲覧。

　邑南町は、島根県の中南部に位置し、中国地方中山間地に代表的な盆地の多い地形で、東側の羽須美地位域をはじめ、低地の割合も多く、そのほとんどは標高 100 mから 600m の地域となっている。また瑞穂・石見町町地域の南側から西側にかけて中国地方山地の 1,000 メートル級の急峻な地形も分布している。農業を基幹産業とし、2015 年時点の国勢調査の人口は 11,100 人である[注8]。

7.6　邑南町の観光

　本研究の目的に沿って、筆者は研究内容に関係する参与観察型の調査活動を数回にわたり行った[注9]。論文全体の内容で用いた事例は、研究活動の中で、現地で体験したものである。邑南町の特色ある観光資源には、中山間地に地域の伝統文化などが潜在している。内在している地域の古代からの伝統文化を発掘し、地域の観光資源を活用することで、地域が過疎化に進んでいるという厳しい問題に対応し、地域の活性化を促進できると考えられる。具体的には、以下の 3 点に分類できる。

①特色ある観光資源と特産物
　本研究の調査対象地である邑南町は、基本的な産業である農業が盛んな古くからの農村地域である。また漁業と林業が盛んである。有名な特産物として例を紹介すると、和牛やミルクジャム、ブルーベリー、棚田米、キャビアなどである。
　本研究の調査地の各農村地域は、水資源、土壌資源、自然風物、古代建築物（神社、御寺、古民家など）、農産物の生産、地域の伝統文化などが異なる地域である。農村と農村の地域性や農業構造が異なるため、農村で生産される農産物の種類、品質も異なる。そのため、その地方でしか採れない農産物が生産されることで、その地域の農業特産物として知られようになっている。

注8　邑南町（2016）「平成 28 年版邑南町勢要覧」https://www.town.ohnan.lg.jp/www/contents/1001000000537
　　/simple/28cyouseiyourantoukeisiryou.pdf、2020 年 4 月 18 日閲覧。
注9　筆者は邑南町に 2018 年 2 月、5 月、2019 年 5 月、10 月、11 月に訪問した。

このように、特産物が重要な観光資源となっている。

②季節的に特色ある風景と歴史的な景観

　日本には春、夏、秋、冬の四季がある。季節的な変化により、邑南町の観光地、宿泊施設、大規模なスキー場、観光レストランなどは、その季節変化の影響により、観光客が増減し、収入が不安定になり、年間収入に大きなマイナスの影響を与える。他方では、季節の変化により、邑南町の山地、農村の自然風景が大きく変わることで、観光シーズンには観光客が増加する。季節の変化により、観光商品と観光体験の内容が変わる。同じ地域でも四季の変化により、観光資源の魅力が変わる。

　例えば、山々の秋の紅葉の美しい自然景観、冬の雪景色の中に、冬の自然景観の撮影、スキー場など季節的な観光を求めてやって来る観光客が多くなっている。その周辺の農村を訪れ、農家の民泊で泊まり、地域のコメや野菜など地元の農産物を使用した料理を楽しんで、地域のコメなど農産物を購入することで、農村観光の活性化が図られている。

③農村住民と都市住民の交流の進展

　現在の邑南町の農家民泊のほとんどは、都市住民をターゲットに展開されている。都市に近い郊外に位置しているほうが、都市住民に人気がある。

　都市住民は農家民泊が居住地に近い交通の便利な場所に立地していることを望む。さらに値段が安く、自分のニーズを満たしてくれる娯楽活動や鑑賞ができ、田舎の特色ある料理を味わえ、田舎の野菜・果物などの特産品を購入でき、田舎の生活を体験できることを期待している。

　このようなことから、都市と農村住民の友好関係、社会交流が進み、精神的、身体的な需要を満たし、仕事と生活からのストレスを解消できる自然、文化、社会、衛生の条件の面で意識改革が高まっている農家が増え、都市住民の安らぎと休養できる農家楽の経営が発展していると思われる。

　邑南町は古くからの田舎である。昔ながらの伝統文化を維持してきた人々が多く住んでいる。彼らは昔からだんだん畑で農業を営み、自分たちの生活文化を守ってきた。このような農村では、地域の文化、自然景観、農産物な

どを活用したグリーン・ツーリズの可能性が大きく期待でき、農村経済の活性化に繋がると考えられる。

7.7　今後の課題

　現在、日本の伝統文化が強く根付いていた島根県の農村地帯も過疎化が進んで、国の中山間地域として指定されている。このような現状のなかで、島根県の過疎化している市町村の衰退をどのようにして食い止めるのか、農村部の今後の持続性をどのようにして維持していくのかは重大な課題となっている。

　筆者は現在（2020 年）まで行った現地調査の中で、事例として 2 か所の農家民泊をこれまでの農家民泊のモデル民泊として取り上げようと考えている。今後の研究では、行政、地元住民に対してのインタビュー、農家民泊経営している農家に対してのインタビューの内容をまとめて、それらの分析から結果をまとめたい。これらの結果と行政機関からのデータを基づき、それに加えて文献研究を通じて、邑南町の「農家民泊」観光の位置づけ、「農家民泊」の経営状況とその発展現状について分析したい。そして、「農家民泊」が抱えている課題を明らかにしたいと考えている。

　島根県で広大な面積を持つ邑南町には、歴史ある古民家、豊かな自然環境、おいしい空気、おいしい水、昔からそこで暮らしてきた人々の生活景観がある。地域の伝統的な農業、漁業にかかわっている食べ物、そこの人々の暮らしぶり、かれらの生き方、その地域と地域にある伝統文化、その文化と密接に結びつけられた故郷を大切に思って生きてきた人々、その人々の強いつながりと人情は邑南の温かさを感じさせる。邑南町で暮らしている人々に、地域住民であることを誇らしく思うとともに、生き甲斐を感じさせる。

　日本も世界のほかの国々と同じような猛スピードで近代化に進んでいることは現実である。日本の伝統文化と触れ合うとしたら、この点もほかの国々と同じように日本の農村地域がその期待に応えられるだろう。しかし平成に入ってから日本の農村地帯、特に島根県、山口県など中国地方の市町村の多

くが国の「中山間地」に指定された。それは農村の総人口が減少し、その人口の中でも高齢化人口が増え、地域は過疎化に進み、農村の持続性が大きな危機に直面したことを意味する。

　筆者は今後も邑南町の研究を長期間続けていくつもりである。農村の特色的な地域の文化を観光資源として活用してきた「農家民泊」を通じて、地域の伝統文化を保護、復旧、維持することが可能であろう。それとともに「農家民泊」は地域の経済を活性化させることが期待できる持続的な観光のあり方であろうと考えられる。

参考文献

邑南町（2013）『住民と行政が連携したコミュニティツーリズム手法による地域振興計画の作成事業』邑南町

邑南町（2016）「平成 28 年版邑南町勢要覧」https://www.town.ohnan.lg.jp/www/contents / 1001000000537/simple/28cyouseiyourantoukeisiryou.pdf, 2020 年 4 月 18 日閲覧

邑南町（2018）「邑南町の紹介」https://www.town.ohnan.lg.jp/www/contents /1001000000537/index.html, 2020 年 4 月 18 日閲覧。

邑南町田舎ツーリズム（n.d.）「田舎ツーリズムとは」https://ohnan-kanko.com/172/, 2020 年 4 月 18 日閲覧

邑南町観光協会（n.d.）「ホームページ」https://ohnan-kanko.com/, 2020 年 4 月 18 日閲覧

しまね田舎ツーリズム推進協議会（n.d.）「しまね田舎ツーリズムとは」https://www.oideyo- shimane.jp/about/2402, 2020 年 4 月 18 日閲覧

島根県（n.d.）「平成 23 年 10 月以降の県内市町村図」https://www.pref.shimane.lg.jp/admin/sichoson/sichoson_info/gappei/, 2020 年 4 月 18 日閲覧。

島根県（n.d.）「中山間地域研究センターとは」https://www.pref.shimane.lg.jp/chusankan/, 2020 年 4 月 18 日閲覧。

島根県（n.d.）「中山間地域活性化基本条例」https://www.pref.shimane.lg. jp/life/region/chiiki /chusankan/chusankan-jyourei/, 2019 年 11 月 15 日閲覧。

島根県（n.d.）「島根県中山間地域活性化基本条例」https://www.pref.shimane.lg.jp/life/

region/chiiki/chusankan/chusankan-jyourei/jyourei.html, 2020 年 4 月 18 日閲覧。

島根県（n.d.）「島根県の「中山間地域」の定義」https://www.pref.shimane.lg.jp/
life/region/chiiki/chusankan/chusankan-jyourei/teigi.html, 2020 年 4 月 18 日閲覧。

島根県（n.d.）「しまね田舎ツーリズム 10 周年」https://www.pref.shimane.lg.jp
/admin/seisaku/koho/photo/195/3.html, 2019 年 11 月 12 日閲覧。

島根県中山間地域研究センター（2019）「中山間地域の地域運営における都市住
民の役割」『研究成果カタログ』9-10 頁

島根県中山間地域研究センター（2019）「都市住民を対象とした来訪型産業クラ
スターの構築に関する研究」『研究成果カタログ』19-20 頁

島根県中山間地域研究センター（2019）「中山間地域の自然や環境を利用した体
験事業の推進に関する研究」『研究成果カタログ』23-24 頁。

林秀司（2007）「中山間地域の地域づくりと都市農山漁村交流」島根県立大学地
域政策研究グループ編『島根の未来を考える――島根地域政策の課題と展望』山
陰中央新報社，107-113 頁

第8章

文化観光：カナダにおける日系人の過去と現在

オースティン ウザマ

8.1 はじめに

　日系カナダ人はカナダ社会の発展に大きく貢献してきた。カナダに新しくやってきた者は、カナダのいたるところで日本文化の影響がみられることに驚く。春は通りが桜の花で覆われ、夏は様々な公園で開催される活気ある祭にて和太鼓や浴衣を着ている若いカナダ人が見られ、学校では子供たちが折り紙や日本語を習う。カナダへの訪問者は主要都市で日本食レストランを5キロ圏内で見ないことはない。日本文化は文字通りカナダ各地で見られる。

　しかしながら、カナダにおける初期の日系移民は、当時存在していた様々な理由により、歓迎されていたわけではない。しかし、研究者や口述伝記作家、文献的な検証によると、日系カナダ人はあきらめずにカナダ社会に溶け込もうとした。第一次、第二次の両世界大戦の時は自主的に入隊して参戦した。一世は受け入れてもらうために必死に働き、後に二世、三世、四世、五世までもがファイティング・スピリットを持ち続けている。

8.2　過去を旅する

8.2.1　初期の訪問者

　カナダにおける日系人の移住は大きく二つの波に分けられる。一世と呼ばれる最初の世代の移住者が、1877-1928 年の間に到着し、1967 年の後に次の大きな波があった (JCNM, 2012)。**表 8-1** のように、カナダ統計局（2019）のレポートによると、カナダ全体で 121,485 人の日系人がいる。日系人の多くはブリティッシュ・コロンビア州（全体の 42%）、オンタリオ州（全体の 34%）、アルバータ州（全体の 14%）に集中している。

表 8-1　州別日系カナダ人（2016 年）

州	日系人(人)	割合(%)
カナダ全体	121,485	0.3
ブリティッシュ・コロンビア	51,145	1.0
オンタリオ	41,645	0.3
アルバータ	16,595	0.4
ケベック	6,495	0.0
マニトバ	2,645	0.2
サスカチュワン	1,225	0.1
ノバスコシア	900	0.0
ニューブランズウィック	310	0.1
プリンス　エドワード　アイランド	110	0.1
ユーコン	95	0.3
ニューファンドランド ＆ ラブラドル	105	0.0
ノースウエスト　テリトリー	200	0.6
ヌナブット	15	0.0

出典: Statistics Canada, 2019

　文化はどこでもある。文化は謎めいており、人間社会の生活のほとんどすべての交差点で見られる。日系カナダ人、またはニッケイ（日本人及びその子孫）にとって、彼らがカナダの西海岸に初めて到着した時から、悲観的な状況が待っており、どうしようもなかった。最初の世代の日系カナダ人は市民権を完全には有しておらず、州や連邦の選挙に投票できず、特定の職種し

かつけなかった（Nikkei National Museum, 2014）。第二次世界大戦の間、連邦政府は 2 万人もの日系カナダ人を家から立ち退かせ、拘留した。

8.2.2　最初の波（1877–1928）

最初のよく知られた日本からの移民として、1877 年にブリティッシュ・コロンビアに到着した永野万蔵がいる。1914 年まで、日本人を祖先に持つ人たちがカナダに 1 万人永住した。最初の日系移民の波は 1877 年から 1928 年の間に訪れた。1907 年まで、ほとんどの移民は若い男性だった。1928 年にカナダ政府は日本からの移民を年間 150 人までに制限した。ナチス・ドイツやファシスト政権のイタリアと同様にカナダの敵として、第二次世界大戦に日本が参戦する前の 1940 年から、日本からの移民は第二の波が起こる 1960 年代まで認められなくなった。一世の多くは若くて識字者であった。多くは九州や本州南部の漁村や農村の出身であった。多くはバンクーバーやビクトリアの日本人街、フレーザーバレーの農場、太平洋岸沿いの漁村、パルプ工場、鉱山町などに定住した。少数のものはアルバータ州のレスブリッジやエドモントン近くの農場や炭鉱に居住した。

8.2.3　第二の波（1967–現在）

日系人移民の第二の波は移民法が改定され、ポイントシステムが導入された 1967 年に始まった。ポイントシステムは社会・経済的な特性に基づくものであり、英語やフランス語の能力がある高学歴の移民が求められた。この時期のカナダにおける日系移民の多くは、ビジネスやサービス部門、高技能のトレーダーなどで働いた。カナダでは社会の主流文化の中でも混交が進んでいる（Pieterse, 2019）。2016 年のセンサスによると、4 万 5060 人の最初の世代の日本からの移住者がおり、3 万 7615 人の第二世代（日本からの移民の子供）と 3 万 8810 人の第三世代、さらに多くの日系カナダ人が住んでいる（Statistics Canada, 2019）。

8.2.4　コミュニティの発展

　人々は社会の一員としての考えや意味、価値を自然に決めていく。カナダにおける初期の日系人移民はカナダ社会に歓迎されていないということをすぐに学んだ。カナダ社会から疎外されたことにより日系移住者はこのことを理解した。そのため、第二次世界大戦前の日系カナダ人は自分たちの社会的、宗教的、経済的な協会を設立した。バンクーバーのパウエル街（現在のオッペンハイマー公園）の近く、スティーブストン、ミッション市、他のフレーザーバレーの村々、パウエル川、トフィーノ、プリンスルパートのような沿岸の中心地に日系カナダ人はキリスト教の教会や仏教寺院、日本語学校、コミュニティホールを作った。スティーブストンにはアメリカの病院から来た日系人医師や日本で教育を受けた看護師のいる病院が設立された。魚や加工物の販売のための協会が作られ、自助や社会的イベントのための共同体や文化協会が作られた。1941 年までには、子供を含む、23000 人もの会員がいる100 以上のクラブや協会が作られた（Sunahara 2019）。

8.2.5　政治的な活動：投票権を求めて

　日系カナダ人はブリティッシュ・コロンビア州の投票者リストから外されていることに対して組織的に運動を行った。このリストに載らなければ、二世とカナダ生まれの日系人は連邦、州、市町村の選挙に投票できず、法の庇護を受けられず、教育委員会にも参加できなかった。投票権は差別的な障壁を破るカギだった。1900 年、カナダ生まれのトメキチ・ホンマは投票者リストに彼の名前を登録するための裁判を起こした。ブリティッシュ・コロンビア州高裁は彼の要求を認めたが、イギリスの枢密院が 1902 年に却下したことにより、投票者リストに載ることで市民権を得る道が閉ざされた（JCNM, 2012）。

　1920 年代、第一次世界大戦に参戦し、カナダへの忠誠心を示した一世の退役者たちが投票権を求めて行動した。ようやく 1931 年になって、一世の退役軍人に限り、ブリティッシュ・コロンビア州議会が投票権を認めた。しかし、第二次世界大戦の間、連邦議会は戦時特例法により、国防上の理由から、太平洋岸 160km 以内に居住するすべての日系カナダ人を退去させた（図 8-1）。日系カナダ人の移動の制限が撤廃され、カナダ社会に組み込まれるようになっ

たのは、1949 年にすべてのレベルでの選挙権を獲得した時であった。

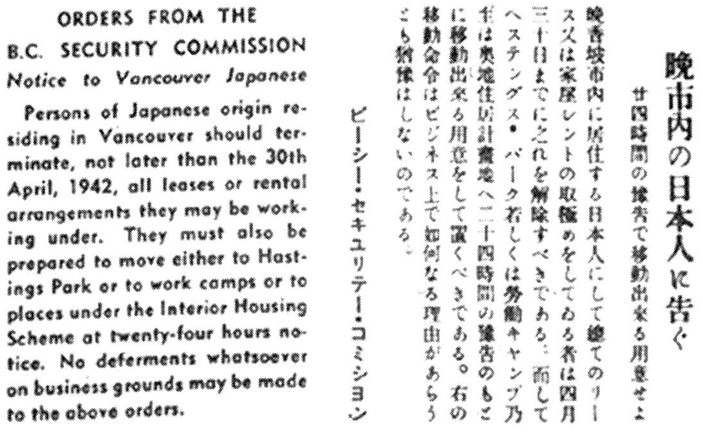

ORDERS FROM THE
B.C. SECURITY COMMISSION
Notice to Vancouver Japanese

Persons of Japanese origin re-
siding in Vancouver should ter-
minate, not later than the 30th
April, 1942, all leases or rental
arrangements they may be work-
ing under. They must also be
prepared to move either to Hast-
ings Park or to work camps or to
places under the Interior Housing
Scheme at twenty-four hours no-
tice. No deferments whatsoever
on business grounds may be made
to the above orders.

晩市内の日本人に告ぐ
廿四時間の猶予で移動出来る用意せよ

晩香坡市内に居住する日本人にして総てのリース又は家屋レントの取極めをしてゐる者は四月三十日までに之れを解除すべきである。而してヘスティングス・パーク若しくは労働キャンプ乃至は奥地住居計画地へ二十四時間の猶告のもとに移動出来る用意をして置くべきである。右の移動命令はビジネス上で如何なる理由があらうとも猶予はしないのである。

ビー・シー・セキュリテー・コミッション

図 8-1　1942 年 4 月 29 日の日系人追放令

8.3　現代を旅する

8.3.1　コーポレート・ビジネス

　現在、カナダと日本は経済的に強い結びつきがある。菜種、石炭、銅鉱石、豚肉、木材、小麦はカナダが日本に対する主要な輸出品である。それに対して、自動車、自動車部品、工業機械、通信機器はカナダが日本から数多く輸入している。Synergy Media Specialists (2019) によると、カナダにおける日系企業の進出は著しい。400 社もの日系企業がカナダ中にあり、そのうち 250 社がオンタリオ州のトロント近郊に立地している。

　ブリティッシュ・コロンビア州にはトロントより規模の小さな企業が進出しているが、結びつきは相対的に強固である。バンクーバーの日本ビジネス協会（バンクーバー・ビジネス懇話会）は 1956 年に設立され、相互友愛を強

111

め、日本語による子供の教育を促進し、現地コミュニティとの融和を進めることを目的としている。2018 年には同協会の 54 人のメンバーが諸問題を協議している (CJCBC, 2018)。

　政府間の結びつきも強い。2017 年以降、カナダと日本政府の間で、ICT (information communication technology)、AI（artificial intelligence）、人材、研究開発の分野でのパートナーシップが継続している。カナダと日本はさらに強いパートナーになる可能性があり、相互理解のための様々な相互交流が続いている。延期予定になったが 2020 年東京オリンピックや 2025 年の大阪万博を通し、観光や投資、貿易の面で日本は注目されている。日本の大企業や投資家はカナダにおいて再注目されている (TJACI, 2011)。

8.3.2　食事

　飲食業はカナダにおける日本ブランドを見いだせる主要な役割を果たしている。確かに、日本食は Washoku として 2013 年に UNESCO の無形文化遺産に登録された。日本の調理方法は四季折々の食材を対象としており、素材を生かし、健康的で、芸術的に料理を表現する（Cang, 2018)。

　ブリティッシュ・コロンビア州では、多くの日系人が居住し、様々なレストラン、ホテル、食事つきのインが州中に存在する。Uzama（2016）によると、バンクーバーには日本に匹敵するほどの数のスシ・レストランがある。バンクーバーにおいて、ものすごい数のスシ・レストランが存在する理由の一つは、カリフォルニア・ロールのような現地化されたものが多様化し、バンクーバーにあるトウジョウ・レストランのトウジョウ・シェフによって現地化されたスシが北米中に広められたことによる（Smith, 2018)。Stainsby(2013) によると、バンクーバーとその都市圏はスシに夢中であり、日本食のロマンスに依存している。日本食の居酒屋ではシェフが慌ただしく調理している（Smith, 2018, 2)。

　近年では、バンクーバーの都市部においてラーメン・レストランの成長が著しく、スシの消費者の競争相手になっている。日本の大手のラーメン・チェーンがそのブランドのフランチャイズ化を行い、バンクーバーだけでなく、シアトルなどアメリカの西海岸まで進出している。2019 年、ジェイソン・モモアによってマルタ・ラーメン・レストランはバンクーバーのラーメン・レス

トランを幅広く普及させた（CTV, 2019）。日本食や日本食レストランはカナ
ダ、特にバンクーバーにおいてのブランドのみならず、日本国外の多くの地
域で「家系ラーメン」などのブランドが知られている。

　日本食はカナダ人、特にブリティッシュ・コロンビア人に広く愛されてい
る。これは、食材を尊重していることが大きく、刺身が典型的な例である。
ソースや込み入った調理に頼ることなく、魚そのものを十分理解して選び、切
り身にして、新鮮に保存する。日系カナダ人のシェフはカナダの沿岸部の豊
富な魚介類から、最良の食材を選ぶ。現在のカナダにおいて、日本食はごち
そう料理であり、カナダ中の町で一般的に見られるようになった。今日、ス
シやラーメン、鉄板焼きなどの日本食は多くの人にとって日常的になり、多
くの店やレストランで見られる。日本食はカナダ人の食事に大きな影響を与
え、カナダ文化に様々な面から結びついている。

　しかし、カナダにおける日本食を研究するためには、北アメリカ社会に初
期の日系人移民が持ち込んだ様々な文化的な影響を考慮しなければならない。
1942 年に強制収容される前、日系カナダ人の料理はサーモンや海藻、貝な
ど、海産物が食材であった。これらの食材はカナダの西海岸に到着した日系
人にとって主要な食糧であり、日本にいた時からなじみ深いものであった。
漁船の没収や沿岸部からの強制移動により、日系カナダ人はなじみのある食
材を絶たれた。魚介類が手に入らなくなったことや日本からの輸入食材が絶
たれたことにより、日系人はその場で手に入る食材を使わなくてはならなく
なった。

　戦後の 1949 年に日系カナダ人が完全にカナダ社会に組み込まれるように
なった後、多くの日本人シェフや家庭では少々の日本の食材を加えたカナダ
料理を食べるようになり、食における日本らしさを再び楽しむようになった。
この傾向により、新たな日系カナダ料理が創成された。政治的、経済的、社
会的な影響を長らく受け、日本の伝統料理と地元の料理が包括された料理が
生み出された (Japanese Cuisine, 2020)。新たな日本料理は北アメリカ風にア
レンジされているが、この新しい風味はシンプルにまとめられている。自然
の食材を用いる和食は UNESCO にも認定され、日本食のブランドはカナダ
中に轟いている。

113

8.3.3　日本庭園とアトラクション

　友好と平和のため、日系移民は北アメリカ大陸各地の主要な通りに桜の木を移植した。日系カナダ人は独特の日本庭園をカナダの各都市に作り、これらは特に春と秋に生き生きとしている。さらに、これらの庭園のいくつかは集客力の高い観光スポットになった。公園による収入は公園の維持だけでなく、公園周辺の観光産業の雇用を生んでいる。いくつかの都市では公園を超えたコミュニティづくりに収入を活用している。春から秋にかけて行われる活気のある祭は地元や国外の観光客に影響力がある。地元の人々は和太鼓の演奏を教え、茶会を準備し、着物を着衣し、相撲を競技する。代表的な日本庭園には以下のようなものがある。

新渡戸記念庭園

　筆者の勤務先であるブリティッシュ・コロンビア大学には日本風の新渡戸記念庭園がある。この庭園は北アメリカにおける最もオーセンティックな日本庭園の１つであり、茶室も備わっている。この庭園は太平洋を跨いだ交流の懸け橋として作られた。

　多くの日本人は日本庭園の様々な様式について定義づけと分類を行おうとしてきた。これは、見学者の心に残る不思議の国の説明しがたい美しさがあるからである。しかし、日本庭園は人によって違った意味があるため、日本庭園について明確な定義づけをするのはほとんど不可能に近い。例えば、日本庭園に配置された岩は、緑豊かな散歩道のある庭園にて、構造の面からも機能の面からも極めて多義であることが分かる。

　おそらく入場者はこれらの空間から和の精神を感じられるだろう。日本庭園における大きな木から小さな石までの諸要素はそれぞれ尊敬すべきものであり、庭師は尊敬と謙遜の両方の面から空間に心配りしている。

　さらに、多くの訪問者は入場した庭園が日本の伝統によって作られ、維持されていることが分かる。庭園のスタイルは日本の長い歴史の中で変化してきた。日本の文化は神道、仏教、文学、詩、茶道など、内的および外的な要因から変化してきた。それと同様に、日本庭園も多様化してきた（UBC, Understanding Japanese Gardens）。

レスブリッジ日加友好庭園

　日加友好庭園は、アルバータ州レスブリッジ市の多文化コミュニティの一員として活躍した日系カナダ人を理解するため、および国際友好のシンボルとして、1967 年に設立された。同庭園はアルバータ州南部の大平原と壮大な山々を反映させた日本風の庭園である。庭園の諸要素は注意深く選ばれ、庭園全体が完全に調和して作られている。水しぶきを上げる滝や音を立てる小川、反射する池など、この庭園にとって水は重要な要素である。

　さらに、この庭園では木々と草花の層が緑の色彩を際立たせている。細心の注意を払って植樹された大木と灌木は景観にメリハリをつけ、季節に焦点を当てている。春の花や秋の紅葉など、この庭園は人生の移り変わりを感じさせる (Nikka Yuko, 2020)。

ミシサガのカリヤ庭園

　オンタリオ州ミシサガのカリヤ庭園は日本の姉妹都市である刈谷市との友好を記念して 1992 年に作られた。この庭園は、特に春の桜の時期に、地元の人々に人気がある。他にもシャクナゲやイチョウ、モミジバフウなどに彩られている。ピンク色に彩られる桜の時期はおとぎ話のようである （Basa, 2018)。

8.3.4　祭とイベント

　カナダにおける日本文化は現在のカナダを反映しているだけでなく、過去とのつながりも表している。日系カナダ人は現在では五世になり、新しい融合的な文化や芸術を発展させている。武道や舞踊、折り紙、生け花などの伝統的な日本文化は課外活動で盛んに行われており、イベントや祭りでの有力な観光アトラクションになっている。

　今日のカナダでは、日本語は高校や大学で人気のある言語科目の一つである。国際交流基金はカナダの日本語教師の協会による様々な日本語や日本文化のプログラムに予算を配分している。現在の若いカナダ人にとってアニメや漫画は人気があり、様々な国からの新しい移民にも好まれている。日本のビデオゲームやファッション、ゲームショーはカナダ中の主要都市のコンベンション・センターで行われ、たくさんの観客を呼び寄せている。

　カナダにおける日本文化関連の祭には以下のようなものがある。

パウエル通り祭

　日本国内で行われているような日本の祭はカナダ各地でも行われている。日系二世や三世が沢山いるバンクーバーにおいて、日本の祭は盛んである。バンクーバーにおける日系人の祭で最大級のものはパウエル通り祭である。この祭は 1977 年に始まり、ダウンタウンのオッペンハイマー公園の周辺で行われている。この数日に及ぶイベントは通常 7 月下旬または 8 月上旬に行われ、ビジュアル・アートやダンス、音楽、武道、映画、アマチュア相撲などが催される。この祭の独特なところは、専門家とコミュニティの芸術文化の融合であり、コミュニティの発展と交流が熟成されている (PSF, 2020)。

桜まつり

　バンクーバー桜まつりは古くからの日本の伝統文化である花見に触発された桜を楽しむ年次祭であり、バンクーバーで有数の春祭である。桜の花を祝い、この年次祭では日本文化に関連する様々なイベントが次々と行われる。この祭はバンクーバー市役所が共催しており、日系人が同市の成長や発展に貢献したことを祝う。この祭の中にはバンデューセン植物園の桜の日・日本フェアにおける茶会、着物のデモンストレーション、日本舞踊、和太鼓パフォーマンスなどがある。さらに、プロとアマチュアによる俳句の句会も催されている。

　「桜の木の下ではだれでも参加できる」のがこの祭のモットーである。バンクーバーのコミュニティにカスタマイズされ、この祭ではすべてのコミュニティ・グループが参加でき、楽しめる。スタンレー公園からキツラノ・ビーチまで 4 万本以上の桜の木があり、春にはピンク色に染まる。元々は神戸と横浜市長からバンクーバーに寄贈された 500 本の桜の木であり、第一次世界大戦に参戦した日系カナダ人の退役軍人に敬意を表してバンクーバー市が依頼した。それ以来、数千もの木々が植樹され続けてきた。バンクーバーの桜の遺産を維持し、桜の超絶的な壊れやすい美を祝い、だれでも参加できる芸術や文化を通して、桜まつりは様々なコミュニティを結び付けている (VCBF, 2020)。

116

ニッケイ・マツリ

　バーナビーで開催される日系コミュニティのニッケイ・マツリでは、ライブ・パフォーマンスやゲーム・ゾーン、日本語の古本市、浴衣の試着など、様々な催し物がある。この祭は元々日系文化センター博物館で毎年行われていた。祭の間、茶会や様々なパフォーマンス、市場、屋台、その他の家族向けの様々なイベントが行われる。天気が良ければ、1万4000人ぐらいの参加者がこの祭を楽しむ (NNMCC, 2020)。ニッケイ・マツリでは、地元の様々な歌謡、ダンス、和太鼓などのグループが参加する。いくつかのパフォーマンスは屋内で行われ、他のものは公園で野外公演される (VBP, 2019)。

　他にも、カナダにおける日系人のイベントには以下のようなものがある。

ブリティッシュ・コロンビア州の日系フェスティバル

2020 年 4 月 9 日の日系人戦役 100 周年記念（スタンレー・パーク） 花見 古本市 クラフト・フェアー 七夕＆フリマ スプリング・バザー 昔の写真 日系詩の公募

オンタリオ州と周辺の日系フェスティバル

オンタリオ州ミサンガでの年事ジャパン・フェスティバル 日本茶会（トロント市図書館） アニメ・ノース 2020 ディスティラリー地区の日本酒 A to Z ツアー マスタークラスのミサンガ・フェスティバル オタワ・ジャパン・フェスティバル

117

ケベック州の日系フェスティバル

> モントリオール・マツリ・日本フェスティバル
> 日本ストリート料理と文化祭

8.4 おわりに

　この章では、1877 年の永野万蔵による最初のカナダ入植から現在までの日系カナダ人が、カナダの観光産業に大きな影響を及ぼしていることについて述べてきた。日本人街から第二次世界大戦の時の強制収容所、カナダ中の大都市にある近代的な日本食レストランまで、日本文化はカナダに訪問する観光客にとって魅力的であり、観光産業の発展に大きな役割を演じている。

　さらに、本章では、日系カナダ人の初期の訪問、カナダ社会に受け入れられるまで直面した問題、その後の同化について述べてきた。さらに、現在、日系カナダ人の文化が、食事、祭、イベント、庭園、企業ビジネスなど、様々な分野で見られることについて述べた。包括的・全体的なアプローチで、既出の文献の調査から、これらの要素が観光アトラクションとして地元経済に貢献していることが分かった。バンクーバーの日本人街は第二次世界大戦の時に連邦政府によって破壊されたが、戦前の日本人街での生活の記録は現在でも残っており、日本人学校や仏教寺院なども現存し、バンクーバーの伝統の創生のためデザインされ、バンクーバーのダウンタウンの観光アトラクションとして生かされている。

参考文献

Basa, E. (2018) *This Japanese Garden In Ontario Has Weeping Cherry Blossoms That Will Take Your Breath Away*, https://www.narcity.com/ca/on/toronto/travel/thisjapanese-garden-in-ontario-has-weeping-cherry-blossoms-that-will-take-your-breath-away, Accessed March 15, 2020

Canada-Japan Council of British Columbia [CJCBC] (2018) *Japanese Business Association of Vancouver*, https://cjcbc.org/en/listing/japanese-business-associationof-vancouver/, Accessed March 15

Cang, V. (2018) "Japan's Washoku as Intangible Heritage: The Role of National Food Traditions in UNESCO's Cultural Heritage Scheme", *International Journal of Cultural Property*, 25 (4), 491-513.

CTV Vancouver (2019) "Momoa watch: 'Aquaman' star goes wild for Vancouver Ramen Restaurant", in *CTV Vancouver*, https://bc.ctvnews.ca/momoa-watch-aquaman-star-goeswild-for-vancouver-ramen-restaurant-1.4342582?cache=yes%3FclipId%3D89925, Accessed March 19, 2020

JCNM (2012) "Monogatari: Tales of Powell Street (1920-1941)", *Japanese Canadian National Museum*. http://www.jcnm.ca/exhibitions/past-exhibitions/, Accessed March 19, 2020

Japanese Canadian Timeline (2020) in Nikkei National Museum & Cultural Centre. (n.d.), Retrieved from http://centre.nikkeiplace.org/ japanese- canadian-timeline/, Accessed March 19, 2020

Kaiseki (2016) *How Japanese Cuisine was introduced to Canada*, https://prezi.com/xf_kw8ph-7th/japanese-contributions-to-canada/, Accessed March 19, 2020

Media Specialists (2019) *Encouraging Japanese companies and investors to re-discover the opportunities in Canada*, http://www.synergymediaspecialists.com/encouragingjapanese-companies-and-investors-to-re-discover-the-opportunities-in-canada/, Accessed March 15, 2020

Nikkei National Museum (2014)*Internment and Redress: The Japanese Canadian Experience: A Resource Guide for Social Studies 11 Teachers*, Vancouver: Talonbooks

Nikkei National Museum & Cultural Centre [NNMCC] (2020) *Nikkei Matsuri Summer Festival*. https://centre.nikkeiplace.org/upcoming-events/, Accessed March 19, 2020

Pieterse, J.N. (2019) *Globalization and Culture-Global Melange*. NY: Rowman & Littlefield.

Powell Street Festival Society [PSF] (2020)*About the Society*. https://powellstreetfestival.com/about/, Accessed March 15

Smith, M.G. (2018) *Sushi in British Columbia in Food Preparation*, http://www.bcfoodhistory.ca/sushi-in-british-columbia/, Accessed March 15, 2020

Stainsby, M. (2013) "Japanese cuisine makes it onto UNESCO cultural heritage list", *in Vancouver Sun*. https://vancouversun.com/news/staff-blogs/ japanese-cuisine- makesit- onto-unesco-cultural-heritage-list/, Accessed March 15, 2020

Statistics Canada (2019) *Census Profile, 2016 Census*. Retrieved online from Stat Can Website https://www12.statcan.gc.ca/census-recensement/index-eng.cfm?MM=1, Accessed March 15, 2020

Sunahara, A. (2019) "Japanese Canadians", in *The Canadian Encyclopedia*, https://www. thecanadianencyclopedia.ca/en/article/japanese-canadians, Accessed March 15, 2020

Synergy Nikka Yuko Japanese Garden (2020) *About the Garden History*. https://www.nikkayuko.com/detail.asp?ID=85&CatID=1, Accessed March 15, 2020

Toronto Japanese Association of Commerce & Industry [TJACI] (2011), *Homepage*,www.torontoshokokai.org/index_en.html, Accessed May 15, 2020

Trading Economics (2020) "Canada exports from Japan", in *Website of Trading Economics* at https://tradingeconomics.com/canada/exports/japan, Accessed March 15, 2020

UBC (2020) *Understanding Japanese Gardens*. https://botanicalgarden.ubc. ca/visit/nitobe-memorial-garden/understanding-japanesegardens/, Accessed March 19, 2020

UBC Botanical Garden (2019) *Nitobe Memorial Garden*, https://botanicalgarden.ubc.ca/about/, Accessed March 19, 2020

Uzama, A. (2016) "Developing Community-based Ecotourism among Japan's

Ainu People: Learning from the Experience of First Nations in Canada", Paper delivered during the *Canada Social Sciences and Humanities Research Council (SSHRC) Conference* that took place at Brock University, ON. on May 28-June 3rd.

Vancouver's Best Places and PR Loyalty Solutions [VBP] (2019) *Vancouver's Japanese Nikkei Matsuri Festival in 2020.* https://vancouversbestplaces.com/eventscalendar/festivals-and-events/japanese-nikkei-matsuri/, Accessed March 19, 2020

Vancouver Cherry Blossom Festival [VCBF] (2020) *Vancouver Cherry Blossom Festival.* https://www.vcbf.ca/about, Accessed March 19, 2020

Ville de Montréal (2020) "The elements of the Japanese Garden", in *Espace pour la vie website* at https://espacepourlavie.ca/en/elements-japanese-garden, Accessed March 19, 2020

（翻訳：朝水宗彦）

第9章

周遊記

周 暁飛

9.1 はじめに

　旅行が大好きな筆者は、観光について学ぶために日本へ来た。ただ、実際の旅行に比べて、「理論的な旅行」は行きたいところへはなかなかたどり着けない。ほとんど毎日のように知識の海を泳いでいる著者にとって、どこかへ出かける旅は自分をリラックスさせる有力な手段になっている。それだけではなく、様々なところで、様々な人に出会って、様々な文化を体験したことは、人生の大切な思い出になった。ここで、日本に来てからの三年間、印象深かった目的地を紙に残したいと思う。

9.2 山口

　まずは山口である。山口大学を選んだ理由はいくつあるが、その中の1つとして、山口市が山に囲まれ、やかましいところから離れているのがとても気に入ったことがある。その静けさは勉強に向いている。それに、ちょっと不便な交通は、外へ出かけるチャンスを減らしているので、一意専心に勉強する環境も作っている。だからといって、山口は絶景スポットがないところだとは言えない。元乃隅神社、角島大橋、秋吉台、瑠璃光寺五重塔、関門トンネルなど、人工と自然が結びついた、目をうばうほどの美しい存在は、近

年では国内外の観光客を引き寄せてくる観光地となった。また、萩焼や茶道、華道など、文化が体験できるところも数え切れないほど多い。これらの経験を吟味しながら、旅の貴重なシーンを整理したい。

　最初は、大学にて行われたモニターツアー注1に参加して、定められた観光地に行ってみたが、日本での生活にだんだん慣れてから、各地に足を延ばしたい意欲も強くなった。そして、山口県内の名所旧跡をはじめ、マイカーを使ってマイペースで様々なところに行ってみた。車を利用したので、県内の旅はほとんど日帰り旅行だった。疲れもなく、たっぷりと遊覧できる。澄んでいる角島の海、異国情緒な楊貴妃の公園、ロマンティックな海響館と巨大な観覧車など、繰り返しの勉強生活から離れている空間を作り出して、心を癒す場所になった。

　これらの観光地の中で、一番印象深かったのは角島大橋である。今まで中国でも日本でも何か所の海を見に行ったことがあるが、角島のように心が落ち着く海は初めてだった。出かけた日は小春日和の 11 月のある日だった。晴れ渡った秋空のおかげで、気持ちもとても愉快になった。まだ車窓に過ぎ去った野山の景色を味わっている時、シーンが変わって、見渡す限りの海が目に入った。最初は濃い青色だったが、間もなく色が翠緑色になって、エメラルドのように輝いていた。さらに、しばらくの間に、コバルト色になって、サファイアのように澄み切ってきた。大自然のマジックショーを演じているようだ。もう少し前へ進んでいると、いつもチラシで見ている、その写真が完全に目の前に現れてきた。けれども、写真よりもいっそ驚くほど美しかった。角島大橋が錦で作った帯みたいに静かな海面をまたいで、青空とよく調和して、まるで空につながる梯子のようだ。

　駐車場に車を止めて、一刻も早く海に近づこうと思った。近ければ近いほど、海の色はまた変わっていった。海岸から遠くないところまでは、底までもはっきり見えるほど透き通っていた。中国では「水清ければ魚棲まず」ということわざがあるが、こんなに透明な水中で泳いでいる小さな魚は意外と多かった。ただ、海を眺める場所は海までの結構な高さのほか、海辺に植物が繁茂していたので、これ以上海に近く行けないと思いきや、角島大橋をわ

注1　山口大学や大学周辺の自治体が主催しているモニターツアーについては、次章を参照いただきたい（編者補足）。

たって角島に着いてみると、また違う光景に身を置かせるようになった。裸足で白砂の海辺を歩いていて、海風がささやいた物語を聞いて、ゆったりとした一時間は、何の悩みもない子供時代に戻るような感じがした。

　角島大橋は 2000 年に開通した架け橋である。景観鑑賞と自然保護を並行して設計した角島大橋は全長 1780 メートルで、北長門国定公園に位置している。観光地として、観光客を引き寄せてくるだけではなく、ロケ地としても人気がある。本場に行ってみてから、その美しさとロマンティックな雰囲気に魅了されたので、何度も来ても飽きなくて、心を癒すところである。

写真 9-1　角島大橋

9.3　長崎

　2018 年 3 月に、冬休みの長い休暇を利用して、長崎県へ旅に出る予定をたてた。なぜ長崎にしたかと言うと、理由は二つある。まず中国人として、やはり中華街を見に行こうと思った。長崎には新地中華街という日本三大中華

街の一つがあって、その雰囲気を感じたかった。それに、もう一つは、ちょうど中国のお正月の時期に新地中華街では「ランタンフェスティバル」が行われるので、見に行かないと損になるという考えを持って行った。

写真 9-2　長崎ランタンフェスティバル

　電車などの公共交通機関は不便なので、長崎には車で行くことにした。間もなく、車に決めたのは正解であることがわかった。山口市の曲がりくねった山道を離れて、視野も広くなって、海も現れた。故郷も山口市も海からそんなに遠くないところだが、標高 3 メートルとかの標識を見て、わくわくしてきた。

　それだけではなく、しばらく走っていると、巨大な架け橋が目に映ってきた。それは本州と九州をつないでいる関門橋だった。橋からの眺めは壮大だろうと思ったが、車での旅は一般道路でなければ趣が欠けるのではないかと思っていて、急がない時にはいつも一般道路を利用している。今度も高速道

路でもある架け橋ではなくて、もう一本のつながっている道——関門トンネルを選んだ。中国には長くて立派な海底のトンネルが何本もあるが、1958年に開通した関門トンネルよりずいぶん遅くなった。62年経っていたが、関門トンネルは相変わらず非常に重要な役割を果たしている。

関門トンネルを離れて、にぎやかでモダンな都市を通過して、また山道に入った。曲がり道が多くて、山口市の山道よりも険しかったが、たまには小さな湖や池があり、寂しい冬に柔らかい色を加えていた。これは車旅ならではの見どころではないだろうか。

長崎市に着いたのはもう夜8時になっていた。夜なのに、ネオンライトのおかげで、昼よりもあでやかだった。さすが日本新三夜景の長崎市である。広い道路には線路が縦横にあり、時には路面電車が走ってきたので、はじめてこの町で運転してきた私はちょっとこわかった。宿泊地は平和公園に近い民宿だった。宿泊料金が安くて、部屋も広々とした3室で、とてもお得だと思った。また、和洋室だったが、中国風の山水画が飾っていたので、「和華蘭」が揃っていた。

翌日は新地中華街へ向かった。長崎市は新しい都市でもあれば、古い町でもある。だんだん中華街に近づいてくるのとともに、中国の旧正月の雰囲気も強くなった。道路の両側には赤やピンク色の提灯が飾られていて、中国式の建物も多くなった。一刻も早く中華街の街並みを見たかった私は、日本でもふるさとの中国のようなお正月を祝えるのを望んでいたが、駐車場が満車ばかりで、駐車には時間がかかった。しかし、中華街を見る瞬間に、まるで中国にいる錯覚を起こした。ただし、出店が日本でのお祭りの時の様子とほぼいっしょなので、やはり中国のお正月ではないと思った。

他方、夜になると、数え切れないほど多くの提灯やオブジェが点灯されて、故郷の公園でのランタンフェスティバルに似ている感じをした。龍踊、獅子舞などの出し物は故郷のものと多少違いがあるが、中国のお正月の雰囲気を作っていた。また、土神堂や天后堂などの廟堂は昔そこに住んでいた華僑華人たちにつくられたものなので、中国の建物とそっくりだった。一番驚いたのは孔子廟である。外観も中身も縮小版の中国の孔子廟と言えるだろう。

せっかく長崎県まで走ってきたので、このまま帰るともったいないと思った。続けて東のほうにある雲仙市へ向かうことにその場で決めた。雲仙温泉

を見に行きたかったからである。特に日本一の足湯「ほっとふっと 105」で
足湯を体験したかったので、小浜の温泉旅館を予約した。本格的な会席料理
を味わったり、温泉に入ったりして、幸せの旅だった。ただし、時間の関係
で、雲仙ロープウェイ、清水棚田などの観光地へ行けなくて、ちょっと残念
だったが、今回の旅のスケジュールに入れておけば、逆に楽しみにできるこ
とになった。自然と文化のエレメントを混ぜる旅は最高である。

9.4 熊本・大分

　熊本に興味を持つようになったのは、くまモンがきっかけである。熊本県
を宣伝するマスコットキャラクターとして、かわいいくまモンは子どもにも
大人にも愛されている。日本に来てから、熊本県にくまモン以外、たくさん
の見どころがあるのがわかるようになった。今回は春休みを利用して、熊本
県の阿蘇山を目指して出かけた。いつものように一般道路を走ったので、馴
染んでいる景色ばかりである。連なっている山々を越えて、迎えてきたのは
下関の青い海だ。海底トンネルを通り過ぎたら、また絶え間ない山の連続に
囲まれた。まだ 2 月なので、山には雪が積もっているところもある。そとは
冷たいが、車内では家族としゃべりながら前へ向かっているのがとても暖か
い雰囲気で、やはり家族と一緒に旅立つのは最高の幸せだ。出発するのが遅
かったので、福岡で一晩泊まり、翌日曇っている中を目的地へ進んだ。
　福岡市内から離れて間もなく、また山道に入った。ただ、前の山と違って、
ここの山々の間に川が流れている。そして、川の水は独特な緑色があらわれ
ていて、私たちの目線を引き寄せた。案内看板を見たら、この川は築後川と
呼ばれて、この場所は岩戸公園であることが分かった。川であるが、サラサ
ラの音が全然聞こえなくて、静かに流れているだけであった。それに、霧が
立ち込めて、まるで仙境にいるようだ。花が満開の時期に来たら、きっと綺
麗な風景地だと思う。引き続き前に進んで、畑、トンネル、野山が交錯して
道路の両側に現れてきた。その時、雨が降ってきた。前もって天気予報を確
認しないで出かけたのは一番のミスだった。なぜかというと、阿蘇山どころ

か、雨と霧の中で山道もはっきり見えなかったからだ。予定通りに、せっかく阿蘇山にたどり着いたのに、何も見えなくて、近くの積雪と遠くの霧からなった真っ白な世界になった。そして、ロープウェイも地震の影響で休運だった。仕方なく入った、山頂にある博物館だけは営業中だったのは、多少の慰めだった。

　残念だなあと思いながら、予約しておいた「休暇村」という温泉ホテルに向かった。悪天候のおかげで、あまり宿泊客がいなかったので、ゆったりとホテルの施設を利用することができた。広々とした和室、おいしいブッフェ、気持ちいい温泉、さらに素晴らしい神楽の演出は阿蘇山を楽しめなかったことの埋め合わせになった。

写真9-3　阿蘇山

　目が覚めた翌朝、お日様がようやく出てきた。窓を通して、金色に輝いている阿蘇山の姿がはっきりと目に入った。阿蘇山での旅はほぼ成功だったといえる。

　旅はまだ終わっていない。阿蘇山を離れて、大分県の別府へ向かっている途中に、「九重“夢”大吊橋」という標識を発見して、そこへ見に行こうと決めた。山を登るとともに、凍結している山道も多くなった。大吊橋に近づくにしたがって、風も強くなったから、十分に気をつけて運転しなければなら

なかった。しばらくすると、巨大な吊橋が見えた。吊橋は 2004 年に着工して、2 年間にわたって 2006 年に完成した。標高 777 メートル、高さ 173 メートルで、長さ 390 メートルの橋を渡っていると、風がひゅうひゅうと耳のそばに響いていて、ちょっと怖かったが、楽しかった。「訪れてきた人々に夢を与えることを願うもの・誰にも覚えていただけるもの、といった理由から、橋の名称を九重 "夢" 大吊橋としました」と案内板に書いてあった。確かにとても独自性を持っている観光地だ。

写真 9-4　九重 "夢" 大吊橋

　せっかくなので、帰った時は、日本一の温泉地で知られた別府で一泊泊まった。ただし、今回は温泉ホテルではなくて、温泉がついている民泊[注2]にした。150 平方メートルの一戸建てで、キッチンも寝室もさらに浴室も広すぎるという感じがした。立地は都心部なので、スーパーやデパートへ行くにも便利だ。宿泊を取って温泉に入るのは別府へ来た唯一の目的ではない。国の名勝

注2　大分県には都市型の民泊と農家民泊（農泊）が両方ある。元々大分県では修学旅行生を対象とした農家民泊が知られていたが、インバウンド観光の発展に伴い、別府には都市型の民泊やゲストハウス等も多数見られる（編者補足）。

にしてされている「別府地獄めぐり」を観覧するのも非常に興味津々だった。時間的に余裕がたっぷりだったので、有名な「海地獄」、「かまど地獄」、「龍巻地獄」など7箇所のスポットを回って、大満足だった。

　四日間の旅はあっという間に終わったが、家族との「探検」みたいな経験はずっと忘れられない。完璧な旅ではなかったが、唯一無二の旅だった。

海地獄

龍巻地獄

写真 9-5　海地獄・龍巻地獄

9.5　北海道

　十年前の 2008 年初夏、日本のある会社の社員旅行で北海道へ観光に行った。団体旅行なので、景色を見るより、むしろ友達や社員のコミュニケーションの手段だといっても良いだろう。したがって、まだ記憶に生き残っているのは、いくつかのシーンしかない。十年後の 2018 年春、家族と一緒に北海道のジグソーパズルを復元するために、再び北海道への旅を立つことにした。もちろん車で。

　今回の旅行はこの前のよりずっと遠いところなので、あらかじめ十分に用意しないといけなかった。北海道は広くて見どころが多い場所だから、五日間で全部回れるわけではない。家族を連れて、十年前と同じコースにした。

福岡で飛行機に乗って、およそ二時間後、上空から北海道の形がだんだん見えるようになった。なんとなく懐かしいという気持ちになった。レンタカーのお店は新千歳空港のすぐそばにあるので、手続きが終わると、目いっぱい観光に出発した。

　1日目：今回は東西線を選んで、できるだけ多くの珍しいところへ行ってみたかった。まず向かったのは帯広市だ。札幌市を離れると、町並みは今まで見た日本の町並みと相当な違いが現れてきた。道路は依然として二車線だが、両側はあまりにも広大な土地ばかりなので、道路も広くなるように見えた。そして、道路の肩には道端を指示する印が並んでいるのも北海道以外の地域で見られない風物だろう注3。前へ進めば進むほど、中国の農村地域の風景に似ているような感じがしてきた。なぜかというと、牛や羊を放牧する光景が多くなったので。特に羊の群れは日本ではあまり見たことがないので、日本らしくないところだと思った。さらに、牛乳を搾る小屋も点在していて、とても懐かしかった。白い雲が綿菓子のように青空に漂っていたが、手を伸ばしたら届くほど低く見えるのは、土地が広いのせいなのだろうか。このように、車窓風景を楽しみながら、前へ走った。間もなく帯広に着いた。面白かったのは、帯広の街の構成だ。カーナビを見たら、縦横に交わっている道は将棋盤みたいで、道路の名称も簡単に方向と数字だけの組み合わせだ。夕食はジンギスカンをやっている焼肉屋だった。久しぶりに焼いた羊肉を食べて、おいしくてたまらなかった。

　2日目：朝食を済ませて、阿寒湖に向かった。1時間もかからず、阿寒湖に到着した。実は阿寒湖より、もっと興味を持っているのは湖畔にあるアイヌコタンだ。日本の少数民族の工芸品を販売したり、伝統文化を紹介したりするいい場所だと思っている。十年前のお店は今もまだやっていた。しばらくすると、摩周湖国立公園に着いた。双湖台でパンケトー・ペンケトーという二つの湖を眺望することができる。引き続き行くと、いよいよずっと望んでいた硫黄山に到着した。望んでいたというのは、十年前、ここでメロン味のアイスクリームを食べながら、写真を撮ったことがとても印象深かったからだ。今回も同じ場所で同じような写真を撮るつもりだ。活火山に指定され

注3　積雪時に道幅を示す印は北海道だけでなく、東北や北陸などの豪雪地帯にもある（編者補足）。

る硫黄山は硫黄成分のため、山が黄色っぽくて、臭いにおいがしている。地下から噴き出した蒸気を利用して、卵を加熱して、食べられるようになった。朝からいろいろ大自然のにおいを満喫して、宿泊先に行こうと思った。予約した宿泊先は屈斜路プリンスホテルだ。周囲の景色が美しくて、レストランも二三百人同時に食事できるほど広く、非常に居心地の良い宿泊先だ。

写真 9-6　硫黄山

　3日目：朝、摩周湖を観覧した後、近くにある「神の子池」に行ってみた。伏流水からできている池の水は、澄んでいるので底までもくっきり見える。さらに、化石になった倒木や光の屈折率などによって、水は不思議な色が現れる。言葉では言えないほどの美しさだ。実はこの日の狙い所は「キリスト兄弟団斜里教会」だった。これにも経緯がある。中国のある非常に有名な映画のロケ地はここである（日本語名は『狙った恋の落とし方』）。本物を見た

ら、また十年前のことを思い出した。光陰矢の如しと、万感交至った。また前に行ったら、海が見えるようになった。オシンコシンの滝を見たというのは、知床半島に入るということを意味する。知床峠を登っているときに、鹿と狐に出会って、餌をやったのは面白い経験だった。また、峠で日本の東と北の方を眺めて、海の美しさに厳かな雰囲気を加えているような感じがした。

写真 9-7　摩周湖

　宿泊先に向かっている途中に、わざわざ「天まで続く道」を走っていて、また別の趣になった。ただし、ゆっくりしすぎたので、夜「湧駒荘」という温泉旅館にたどり着いたのはもう 8 時過ぎになっていた。女将さんはとてもやさしくて、ずっと私たちを待ってくれた。感謝の気持ちでいっぱいだ。

　4 日目：翌日になって、旅館は山の中にあって、そして雪が深く積もっていたのが分かった。5 月に積雪を見るのは初めてだった。おいしかった朝食が終わって、大雪山国立公園へ向かった。車で 5 分くらい近いところだった。ロープウェイに乗って、頂上の旭丘峰まで上がった。ここでもう一つの人生初のことができた。それは雪山の頂上に登ることだ。ロープウェイで行ったのだが。雪の世界で、どちらを見ても真っ白だった。そして、目がまぶしく

て、なかなか開けなかった。たぶん、ゴーグルをかけずに雪山を登るのは私一人だけだろう。大雪山から降りて、札幌に帰る予定だ。両側の景色はだんだん都市の気配に戻ってきて、積雪が残った山もだんだん消えていった。午後3時ごろ、札幌に着いた私たちは直ちにホテルに行く代わりに、「白い恋人パーク」へ行ってみた。まるで童話の世界である。

　5日目：飛行機は午後なので、午前中札幌市内ちょこちょこと散策して、山口に帰った。北海道へ来たのは二回目だが、はじめて体験したことがいっぱいあったので、とても貴重な思い出になった。

9.6　おわりに

　以上、筆者が日本に来てから、車を使った旅について簡単にまとめてみた。前述のように、車での旅行は公共交通機関より便利で、自分が気になっているところを自由に移動することができる。また、団体旅行のように慌てて観光地を回るのもではなく、ゆっくりと観光することができる。さらに、あまり開発しすぎている観光地を避けて、人出が少ないところを発見すれば、より一層面白い。そのため、車での旅を続けていきたい。観光は現代人にとってのプレッシャーから解放されるいい方法だと思う。これからはもっと遠くて未知のところで様々な体験を探求して行きたい。

補足資料：

北海道や九州などではレンタカーによる旅行が盛んである。外国人による日本でのドライブについて、以下のような報告書や記事がある。

インバウンド NOW（2018）「訪日外国人のレンタカー利用率は？ 地方への集客と事故防止には、多言語の交通マニュアルを用意しよう」
https://inboundnow.jp/media/data/4381/

JAF（2019）「自国と日本でルールは違う！ 訪日外国人向け「日本のドライブルール」動画公開！」https://jaf.or.jp/common/news/2020/20200131-001

自治体国際化協会（2016）「北海道では、外国人のレンタカーでのドライブ旅行が人気となっている！」
http://economy. clair.or.jp/casestudy/ inbound/1191/

観光経済新聞（2017）「外国人向けキャンペーンでレンタカー利用が 5 割増」
https://www.kankokeizai.com/

国土交通省北海道開発局（2019）「外国人ドライブ観光客の周遊・滞在実態について（2018 年 1 月〜12 月）」https://www.hkd.mlit.go.jp/ky/ki/ renkei/
splaat00000 1ki1s-att/splaat000001ki3p. pdf

国土交通省北海道開発局（2020）「北海道における外国人ドライブ観光の 2019 年分析結果について（2019 年 1 月〜12 月）」
https://www.hkd.mlit.go. jp/ky/ki/renkei/ splaat000001qwii-att /splaat000001qwm6.pdf

九州旅ネット（2017）「外国人観光客向け　九州のドライブ情報を発信！」
https://www.welcomekyushu.jp/whatsnew/?mode=detail&id=746

NEXCO 西日本（2014）「西日本初の訪日外国人向け商品！「Kyushu Expressway Pass」を発売します― 九州の高速道路が定額で乗り放題！九州へのドライブ旅行がお得！ ― 」https://corp.w-nexco.co.jp/corporate/ release/kyushu/h26/0908/

せとうち DMO（2017）「 訪日外国人観光客向け　ドライブキャンペーン開始のお知らせ」https://setouchitourism.or.jp/ja/info/drivecampaign/

第10章
留学生と日本人学生の共同作業によるインバウンド調査

朝水 宗彦

10.1 研究の背景と目的

　近年の日本におけるインバウンド観光客の増加は著しい。首都圏から関西までのいわゆるゴールデンルートだけでなく、北海道のニセコ町や長野県の白馬村など、交通の便がそれほど良好でなかった場所でも多くの外国人観光客が見られる。元々外国人観光客が少なかった山口県でも、2015年に長門市の元乃隅神社がCNNで取り上げられてから外国人観光客が急増したため、近隣の自治体や地元企業が「第二の元乃隅」を探すようになった。本章では、この流れの一環として、山口大学の留学生と日本人学生を活用したモニター調査の実践と、その移り変わりについて紹介する。さらに、モニター調査で得られた基礎データを元に、今後の地方におけるインバウンド振興策について考えていきたい。

10.2 地方のインバウンド観光に関する先行研究

　近年のインバウンド観光客の急増に伴い、関連した研究もまた多数みられる。これらの研究を地域的に見ると東京や京都を扱った研究が圧倒的に多いが、地方のインバウンド観光の進展に伴い、それに関する研究も少なからず見られる。

　JNTO(2016) は兵庫県豊岡市、徳島県三好市、北海道函館市、山梨県富士河口湖町、山梨県富士吉田市でインバウンド観光関係者へのインタビューを行い、さらに中国 (北京、上海)、タイ、インドネシア、米国 (ニューヨーク、ロサンゼルス)、フランスの訪日旅行経験者へのアンケート調査を行った。同様に、DBJ と JTBF(2017) もまた海外の訪日旅行経験者に滞在時の活動や再来日した場合の希望などについてアンケート調査を行っている。

　上記のような大規模なアンケート調査は大規模な組織でなければ実施が難しいが、規模の小さなアンケート調査もまた少なからず見られる。長野情報通信研究所 (2009) は長野県白馬村に訪問した外国人観光客に対する体験や満足度等のアンケート調査を行った。フンク他 (2012) は岐阜県飛騨高山市、広島県宮島、大分県別府市、奈良市にて、外国人観光客と日本人観光客の観光動機や観光行動の違いについてアンケート調査から分析した。新井 (2017) は九州を訪問した外国人観光客に対するアンケート調査から、観光客の満足度や次回行いたい活動などを分析した。

　インタビューやアンケートの他にも、外国人観光客のブログや SNS 等の口コミを分析する方法もしばしば見られる。村上と川村 (2010) は訪日外国人観光客の旅のブログをテキストマイニングすることにより、訪問地としての東京と北海道、石川県を量的に比較分析した。高原他 (2018) はトリップアドバイザーの口コミに掲載されている金沢市内の観光地をテキストマイニングし、日本人と外国人の評価の違いを分析した。なお、英語圏の観光客と中国語圏の訪日パターンが異なることから想定されるように、訪日外国人それぞれに適した調査方法も必要である。周 (2012) は Weibo 版の「道中人」による北海道旅行について、バーチャル・エスノグラフィーの手法で質的に分析している。

10.3従来の研究方法の問題点

しかしながら、上記のように外国人観光客に対するインタビューやアンケートから研究を行う手法は、実際にすでに外国人観光客が訪問している場所での研究となるため、これから新たに外国人観光客を呼び込もうとしている場所ではこれらの手法がそのまま使えない。そのため、留学生等の在日外国人を仮想観光客に見立て、外国人観光客が興味を持ちそうな場所をモニター調査する手法がしばしば見られる。特に、ニセコや白馬が外国人観光客の誘致に成功した後、それまであまり外国人観光客がいなかった各地の自治体が、将来のインバウンド誘致を目指して、モニターツアーを実施することが多くなった。

従来の地方自治体によるモニター調査では、地方自治体の観光関連の部局の関係者が、現在日本人観光客に知られている観光地から、外国人にも魅力的だと思われる観光地をいくつか抽出するという手法がしばしば見られる。たとえば、栃木県 (2015)「外国人モニターツアー調査」や飯山市 (2015)「外国人目線による多言語対応現状調査」、松戸市 (2014)「インバウンド事業に関する調査」など、既存の観光地を対象としたモニター調査は日本各地で見られる。本章の筆者が前職で依頼を受けたことのある大学コンソーシアムおおいた (2007)「外国人観光客受け入れのための大分県内留学生等による観光地調査」もまた、同様の調査として挙げられる。

これらの在日外国人を用いたモニター調査は、実際の外国人観光客を対象としたアンケート調査とは異なり、将来的にインバウンド観光に取り組んでいこうと考えている地域でも調査が可能である。ただし、日本人向けの既存の観光地でモニター調査をする従来の手法は、元乃隅神社のように、日本人にあまり知られていなかった場所がインバウンド観光地としてある日突然ブレイクすることを想定していない。

本章の筆者もまた山口県内の地方自治体が主催するモニターツアーに長年かかわってきたが、モニターツアーの訪問先として元乃隅神社はノーマークであった。しかし、2015 年の CNN での放送や SNS での拡散により、元乃隅神社では外国人観光客が急増し、山口県を代表するインバウンド観光地と

なった。下図のように、元乃隅神社の訪問者は 2015 年の時点では周辺地域
を入れても 10 万人程度であったが、2017 年には元乃隅神社単独でも 100 万
人を超え、増加傾向が続いている。

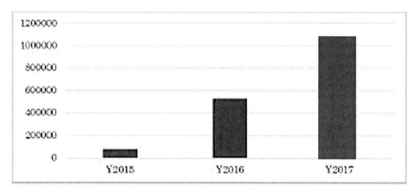

＊ただし 2015 年は統計未整備のため周辺地域を含む。

出典：長門市　2018『長門市の平成 29 年観光客数について』長門市：p.3

図 10-1　元乃隅神社への訪問者数 (単位:人)

　元乃隅神社はインバウンド観光客が大量に押し寄せるようになるまで、地
元の研究機関でも観光調査対象としてほとんど注目されなかった。しかし、
公共交通機関のない遠隔地の神社に、わずか 2-3 年の間で訪問者数が 10 倍
以上に急増したため、駐車場や道路の拡張などの交通インフラの整備が早急
の課題となっている。観光客が少ないのも問題であるが、観光客が急に増え
すぎるのにも問題がある。

　本章の筆者は観光政策学科に所属しているが、留学生センターで兼務して
いたこともあり、地方自治体が新たなインバウンド観光地を発掘するため、留
学生モニターの募集を依頼されることが少なくない。これらの留学生による
従来型のモニター調査では、地方自治体に点在する既存の観光地にバスで訪
問することが多いが、先述のように地元の人が地元の魅力に気づいていない
ことが調査上の弱点である。つまり「うちのムラには何もない」ということ
が日常的に聞かれるように、地元のことを一番知っているはずの地元の人々
が、「非日常性」を求める観光客の目線での魅力に気づいていない。

　一例を挙げると、本章の筆者は留学生だけでなく、出身地を限定していな

い学生モニターの引率も何度か依頼されている。そのうち、毎年依頼を受けている山口の文化を体験する萩往還のモニターツアーを実施した場合、毎度日本人がなかなか集まらないのに対し、参加者の募集をかけてからわずか数日で留学生が定員以上集まってしまうということがしばしば見られた。下図は学生モニターツアーのうち、萩往還周辺の観光地を訪問したものであるが、圧倒的に留学生が多い。なお、山口大学における留学生の割合は全学の学生の5%前後であることから、日本人学生と留学生が感じる魅力の違いがここからも想定できる。

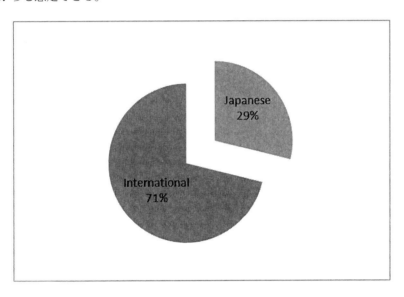

出典：各年の参加者名簿から筆者作成

図 10-2　萩往還ツアーの参加学生数 (2015-17 年:n=52)

10.4留学生と日本人学生による共同計画

　では、これらの問題点を解決し、今後有力なインバウンド観光地として発展しそうな場所が事前に想定できればどうであろうか。そこで、2018 年度に実施したモニターツアーのうち、主催者のご理解を頂けたいくつかのツアーでは、企画段階から留学生に参加してもらった。これは、今までの地方自治体や地元の民間企業が主催するモニターツアーの企画メンバーに外国人が入っていなかったことへの対応策である。たとえば、外国人女性向けの新たなツアーを企画する時、筆者を含め、日本人男性のみが会議室で長々と議論を続けるのが建設的でないということは容易に想像できよう。外国人女性に観光客として来てもらいたい場合、ターゲットとなる地域や性別、年齢層の方の意見を聞くのが当然ながら重要である。

　ただし、来日してから日が浅い留学生の場合、留学先の観光地についてそれほど多くの知識を持っているわけではない。他方、地元の人は先述のように観光客のまなざしは持っていないが、地元に何があるのかはたくさん知っている。そのため、2018 年度に実施したモニターツアーの試みとして、事前に日本人学生と留学生とで訪問先について打ち合わせを行うことにした。ここで、企画段階から参加したモニターツアーの一例として、萩市と山口大学との連携協定に基づく調査の事例を挙げたい。

　萩市は山口県を代表する観光地であり、落ち着いた城下町として日本人観光客の間で良く知られている。近年では世界遺産の登録や日本ジオパークの選定、さらに世界ジオパークへの登録を目指した新たなる試みなどから、インバウンド観光の発展に向けて追い風が吹いている。隣接する長門市の元乃隅神社が外国人観光客にブレイクしたことも萩市がインバウンド振興に力を入れている理由の一つとして考えられる。

　萩市でのモニター調査に先立ち、筆者の授業の受講生を中心に集めた日本人学生のボランティアには「外国人が訪問したいと思う場所」、留学生には「訪問したい場所」をリストアップさせた。これらのリストを基に、2018 年12 月22 日に学内で打ち合わせを行い、モニターツアーの訪問先の選択作業をした。選択の際、東光寺のように留学生の希望が複数見られ、なおかつ日

本人ボランティアがノーマークだったところを優先した。

事前打ち合わせでの訪問候補地 (2018 年 12 月 22 日)

日本人ボランティアが考えた外国人が訪問したいと思う場所
J1(男性):松下村塾、萩城下町、萩本陣 (温泉宿)、いそ萬 (海鮮料理)
J2(男性):萩城下町、萩城 (址)

留学生が訪問したいと挙げた場所
F1(中国、女性):萩城下町、松下村塾、しーまーと、伝統的建造物 (旧湯川家、菊屋家、浜崎町家保存地区など)、反射炉
F2(中国、男性):反射炉、恵美須ヶ鼻造船所跡、大坂山たたら製鉄遺跡、萩城下町、松下村塾、広沢真臣生誕地、村田清風別宅址、明神池、萩博物館、松陰神社
F3(香港、男性):萩市魚市場、萩焼会館、萩ガラス工房、大谷提灯店、東光寺、松陰神社、雲林寺 (猫寺)、明神池、反射炉
F4(中国、女性):東光寺、街歩きのための自由時間

---

　12 月 22 日の打ち合わせで選定した訪問先を元にモニターツアーのコースを確定し、より多くの留学生モニターを幅広く募集した。募集時に掲示したツアーの日程は以下のとおりであり、申し込みのあった中から 17 人の留学生モニターと 3 人の日本人ボランティアを選んだ。

2019 年 1 月 26 日 (土) 萩市モニターツアー日程案

9:00 山大吉田キャンパス出発 (8:50 経済学部 A 棟前に集合)
10:00 松陰神社、松下村塾、東光寺など散策 (11:00 まで)
11:20 萩焼会館 (萩焼体験:12:40 まで)
12:50 しーまーとで昼食 (13:50 まで)

14:20 萩城下町散策 (15:50 まで)
17:00 山大吉田キャンパス到着

　なお、掲示したコースのうち、午後の城下町散策は、申し込みのあった留学生にツアーの実施前に旧市街を調べさせた。そして、留学生が小グループに分かれて自由に訪問するために、日本人ボランティアがアシストすることを想定した。

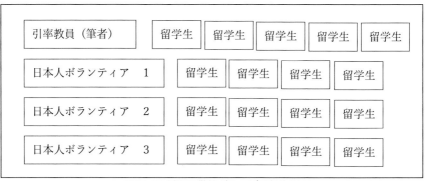

図 10-3　城下町散策グループの想定図

　なお、2019 年 1 月 26 日の現地訪問の当日は山口市内での降雪のため、出発場所の吉田キャンパスから遠い YU シェアハウス (主に国際総合科学部の留学生が居住している学生寮) の留学生 5 人が出席できず、最終的に留学生 12 人、日本人ボランティア 3 人、引率教員 (筆者) で現地に出発した。雪の山道を避けるため迂回し、萩への到着が予定よりも 30 分遅れたため、松陰神社周辺の散策を短縮し、時間の都合により東光寺への散策を省略した。それ以外の活動は一部時間を短縮したが、ほぼ予定通り実施された。

10.5モニターツアーのアンケート

　萩市でのモニターツアーでは、ツアーの修了後、簡単なアンケート調査を行った。元々はレポート提出を考えていたが、事前打ち合わせの時、レポートの提出は厳しいとの意見が何人かの留学生からあったので、帰路のバスの中で簡単に答えられそうなアンケートを用意した。なお、アンケートは本来無記名の方が望ましいが、無記名でも属性を書けば筆者には記入者が分かってしまうため、あえて記名式にしている。アンケートの各項目は以下のとおりである。

萩ツアー アンケート (2019 年 1 月 26 日)

名前
学部・研究科
性別
年齢
出身地

Q1. 訪問して良かった場所
Q2. 訪問中あまり良くなかった場所
Q3. このツアー中で良かった活動
Q4. このツアー中であまり良くなかった活動
Q5. 萩で次回訪問したい場所
Q6. 萩で次回やってみたい活動
Q7. 萩で外国人観光客のために必要な改善点
Q8. 自由記述欄 (もしあれば)

個々のアンケートへの回答は以下のとおりである。なお、日本人ボランティアの J1 と J2、留学生モニターの F1 から F4 は事前打ち合わせの参加者と同

一人物である。

個々のアンケート回答

日本人ボランティア:
J1(男性)
良かった場所 松下村塾
良くなかった場所 萩城跡
良かった活動 萩焼体験
次回訪問したい場所 東光寺
改善点 雪の日に楽しめる工夫

J2(男性)
良かった場所 松下村塾
良くなかった場所 萩城
良かった活動 萩焼体験
次回訪問したい場所 東光寺
改善点 寒い時期の観光のやり方

J3(男性)
良かった場所 萩焼会館
良くなかった場所 松陰神社
良かった活動 萩焼体験
良くなかった活動 天候不順のため外歩きが大変だった
次回訪問したい場所 明神池
次回やってみたい活動 時間をかけた萩焼活動
改善点 日本語ができない人向けの言語対応
自由記述欄 神社で留学生が大量に買い物をしていたので驚いた。

留学生:

F1(中国、女性)

良かった場所 秋焼会館、秋博物館

良かった活動 萩焼

次回訪問したい場所 保存地区や旧宅

次回やってみたい活動 釣り

改善点 料理店が 10 軒ぐらい集まったところ。シーマートのレストランが少なく、価格も予想より高かった。

自由記述欄 古風で独特なところを活かせば外国人観光客が増えるかもしれない。

F2(中国、男性)

未提出

F3(香港、男性)

良かった場所 萩焼体験

良かった活動 萩焼体験

改善点 交通

F4(中国、女性)

良かった場所 萩焼会館

良かった活動 陶器を手で作る

次回訪問したい場所 海を見に行きたい

次回やってみたい活動 東光寺を歩く

改善点 外国人観光客に興味を持たせるための英語でのスローガン (キャッチコピー)。外国人観光客に興味を持たせるための萩独特の特別料理。

F5(台湾、女性)

良かった場所 萩焼会館

良くなかった場所 特にないが天気が悪かった

良かった活動 萩焼陶芸教室
次回訪問したい場所 東光寺、萩漁港
改善点 外国人向けの情報をもっと詳しくする

F6(中国、女性)
良かった場所 松陰神社
良かった活動 コップを創ったこと (萩焼)
次回訪問したい場所 海浜博物館
次回やってみたい活動 海辺で遊ぶ

F7(ウクライナ、女性)
良かった場所 全部
良かった活動 萩焼
次回訪問したい場所 萩城
次回やってみたい活動 ろくろを使った (本格的な) 萩焼
改善点 交通機関

F8(中国、女性)
良かった場所 萩焼会館
良くなかった場所 場所ではないが天気のため散策があまりできなかった
良かった活動 萩焼
次回訪問したい場所 温泉
次回やってみたい活動 干厚切り (瀬つきアジのミリン干しを挟んだインスタ映えする厚切り具沢山サンド?)
改善点 外国人観光客対応の案内者
自由記述欄 神社で参拝し、萩焼体験をして、海を見られて楽しかった。

F9(中国、男性)
良かった場所 萩焼会館
良かった活動 萩焼会館の陶器作り

次回訪問したい場所 東光寺
次回やってみたい活動 萩博物館を見たい
改善点 外国語の案内板
自由記述欄 (午後の) 城下町参観が短かったのでもう少し時間がほしかった。

F10(中国、男性)
良かった場所 萩博物館
良かった活動 陶芸
次回訪問したい場所 旧邸宅
次回やってみたい活動 特別な陶器を焼きたい
自由記述欄 とても楽しかった

F11(中国、女性)
良かった場所 萩焼会館
良くなかった場所 特にないが天気が悪かった
良かった活動 陶芸体験
次回訪問したい場所 海
次回やってみたい活動 海を見たい
改善点 外国人向けの現地の説明
自由記述欄 ボランティアが優しかった

F12(中国、女性)
未提出

　萩のモニターツアーでは現地での悪天候の時のための代案も用意していたが、出発地での積雪や現地到着までの時刻が30分遅くなることまでは想定していなかった。そのため、先述のように中国人留学生の前評判が良かった東光寺への散策を行えず、十分なデータを収集できなかった。東光寺は中国人の学生たちが楽しみにしていた訪問先であったため、上記の事後アンケー

トでは、次回は東光寺に行きたいとの回答が少なからず見られた。なおかつ集合場所から遠い YU シェアハウスからの留学生が参加できなかったため、タイなど東南アジア出身の学生のデータを取れなかったことも調査上の問題点であった。

　ただし、これらの問題点を差し引いてみても、この調査からいくつかの有用な回答を得られた。まず、萩焼体験のようないわゆる「コト消費」は人気が高い。このことは筆者以外の調査でもしばしば言われていることであり、日本文化体験の入門プログラムはインバウンド観光客受け入れにとって「鉄板」である。さらに、今回の萩焼体験は簡単な「手びねり」であったため、より高度な陶芸を行いたいものは今後のリピーターになり得る。他にもガラス工房や提灯作りが事前打ち合わせの時の訪問先候補に挙げられていたので、外国人向けの入門体験プログラムは全般的に有望であろう。

　次に、海の人気が高いことが注目に値する。今回の萩でのモニターツアーは真冬のプログラムであったため、昼食場所のしーまーと以外は海への訪問を予定していなかったが、午後のグループ活動では徒歩で海まで行ったグループもあった。後日報告書作成のため参加学生に写真を送ってもらったが、グループ活動での写真で多かったのは「海」、「梅の花」、「夏みかん」であった。本研究では挙げていないが、筆者が参加した他の自治体が企画した留学生モニターツアーでも日本人的には季節外れの海の人気が高く、他の学生企画型のモニターツアーでも冬のダイビングが活動企画に挙げられていたので、外国人にとって海への訪問は年間を通して魅力的なのかもしれない。

10.6 まとめと今後の課題

　本研究の前半では、地方におけるインバウンド振興のための取り組みについて、先行研究を通して幅広く概観してきた。そのうち、留学生を仮想外国人観光客と見立てたモニター調査は、現時点で外国人観光客がいなくても、将来のインバウンド振興を試みるために有効であるが、従来地方自治体が実施してきたモニター調査の多くには企画段階で外国人目線が入っていないと

いう問題点も見られた。本研究ではこれらの弱点を克服するため、企画段階から何人かの留学生に参加してもらい、その企画を元にモニター調査の留学生を募集するという手法を試みた。

　モニターツアーの企画段階から留学生に参加してもらうことにより、モニターツアー自体は従来のものよりも外国人のまなざしを反映していると思われる。しかしながら、今回の萩市でのモニター調査の場合、中国や香港、台湾など中国語圏の留学生が圧倒的に多く、韓国や東南アジア出身の留学生のサンプルが取れなかった。悪天候によりツアーの参加希望者の一部が参加できなかったことが今回の失敗の大きな要因であるが、参加者の出身地の多様化を図ることや異なった時期でモニター調査を検証すること、異なった場所で同様の調査を行い、各地の比較を行うことは、本研究の今後の課題として残されている。

参考文献

新井直樹　（2017）「インバウンド観光と地域振興」『地域政策研究』19(3):19-37

朝水宗彦　（2007）「外国人観光客受け入れのための大分県内留学生等による観光地調査」大学コンソーシアムおおいた

朝水宗彦　（2019）「留学生を活用したインバウンド資源の発掘」平成30年度萩市大学連携地域づくり推進事業

フンク・カロリン、クーパー・マルコム、淡野昭彦　（2012）「外国人旅行者と日本人旅行者の動機と行動の違い」『日本地理学会発表要旨集』2012(s):100022

飯山市　（2015）「外国人目線による多言語対応現状調査」飯山市

JNTO　（2016）『訪日外国人旅行者の消費動向とニーズについて』JNTO

松戸市　（2014）「インバウンド事業に関する調査」松戸市

村上嘉代子、川村秀憲　（2011）「外国人から見た日本旅行：英語ブログからの観光イメージ分析」『人工知能学会論文誌』26(3):286-293頁

長野情報通信研究所　（2009）『外国人観光客における日本の「食」と「文化交流」に関するアンケート調査報告書』長野情報通信研究所

長門市　（2018）『長門市の平成29年観光客数について』長門市

日本政策投資銀行、公益財団法人日本交通公社 （2017）『訪日外国人旅行者の意識調査 (平成 29 年度版)』DBJ、JTBF

周菲菲（2012）「インターネットと北海道への中国人観光者：観光研究における質的オンライン研究の応用について」『研究論集』(12):85–102 頁

高原尚志、高辻春菜、井上 春菜 （2018）「インバウンドを取り込むための観光に関する一考察：金沢を例として」『人間生活学研究』(9):81–87 頁

栃木県 (2015)「外国人モニターツアー調査」栃木県

* 本稿は、2019 年観光ホスピタリティ教育学会全国大会発表論文「留学生と日本人学生の共同作業によるインバウンド調査」を大幅に加筆したものである。

資料

巻末資料について

朝水宗彦

　本書では近年の日本における留学生受け入れや、留学生による諸活動が日本社会に貢献している事例についていくつか述べてきた。特に、第10章で述べたように、留学生がモニターツアーに参加することにより、今後の日本における新たなインバウンド観光の発展性について、日本人とは異なった視点、つまり外国人目線から、貴重な情報を収集できる可能性がある。

　なお、本書の各章の執筆者は、編者以外は留学生や元留学生であるが、日本について何年間も研究を続けてきた博士課程の修了者や、勤務先の大学で日本語・日本文化関連の就労経験のある博士課程の在学生である。そのため、専門分野に関する高い知識は持っているが、来日後の年月がかなり長いので「日本化」が進み、各々の視点が来日したての外国人観光客とは徐々に異なってきている可能性も考えられる。

　そこで、本書の巻末資料では、博士課程（東アジア研究科）の院生のうち渡日してから比較的日の浅い者や、博士課程の留学生より来日期間の短い修士課程（経済学研究科）の院生のエッセイをいくつか紹介したい。特に、来日してから1年も経っていない留学生の場合、日本での経験は限定的ではあるが、来日前の母国での日本文化に関する経験や、初来日での日本の経験をまだ鮮明に覚えており、インバウンド観光客に近い感覚を持っていることが想定される。

　巻末資料として紹介する何人かの留学生は、山口県内で実施された日本文化体験のモニターツアーやイベントに参加している。これらのツアーやイベントの多くは、山口県庁や近隣の市町の役場、地元の企業、地元の市民団体等のご支援をいただいて実施されてきた。特に、山口大学のメインキャンパスが立地している平川地区では、同地区の西京高校や平川中学校、平川小学校の関係者の皆様と、山口大学の留学生との間で、大小さまざまなイベントが行われている。さらに、東アジア研究科の博士課程の大学院生は、親子で平川地区に住んでいることが多いので、世代を超えた国際交流が行われている。

　もちろん、巻末資料でこれから紹介するそれぞれのエッセイは山口大学関

係者の個々人の経験ではあるが、本書ではある程度まとまった数を集約した。ご一読いただき、それぞれを比較しながら、日本文化や日本のインバウンド観光について、全体的に普遍的なところと個々の独自なところをご判断いただければ幸いである。

資料1　和食文化の特徴について

河南財経政法大学講師

麦 嘉瑞

（山口大学東アジア研究科修了）

　21世紀の世界はグローバル化が進んで、中国では日本料理がブームになっている。上海や広州など沿海都市はもちろん、西安や鄭州など内陸の都市でもまた日本料理専門店が急増している。では、どうして日本食は中国で大人気になっているのか。これは、豊富な和食文化と緊密な関連があるからだと思う。

　古代から中国と日本の交流は絶え間なく続いている。中国食文化は日本食文化に深い影響を与えた。例えば、中華そば、ラーメン、焼き餃子、長崎ちゃんぽん、チャーハンなど、中国風の日本料理がある。それ以外に、日本は自分の特徴的な食文化を加えて、現在の和食を形成した。和食文化は、米を主食にし、海鮮や野菜、豆などを取り入れた健康的な食事が特徴である。

　日本は細長い島国で、国土は海と大洋に囲まれている。新鮮な魚介類が多くて、日本人は簡単に新鮮な海産物を収穫できる。その一方で、昔から日本では肉資源が不足だった。それから、肉食をしないという仏教の影響も加わった。油が料理の中であまり使われなかった。そして、食材の新鮮度が一番重要である。また、日本は世界でも有数の生食の多い国である。寿司、刺身、サラダ、生卵は非常に普及しており、その他にも和牛刺し、馬刺しなど肉の生食文化がある。そして外国人にとって、和食と言うと、すぐに寿司や刺身などを連想できる。

　和食は目で楽しめる料理だと思う。「五色」と言うコンセプトが非常に重視されており、白黄赤青黒の五つの色を取り入れ、季節感を表現している。また、料理の盛り付けを美しくすることに工夫する日本人は料理の見た目を十分に重視する。特に京都の精進料理が代表的である。

　日本人は和食を食べる時も独自の特徴がある。基本的には箸を使って食べるが、日本では食器を持って口元に近づけて食べる食文化で、中国や韓国などと違う。また、ラーメンやうどんなどの麺類を食べる時に、音を出して食

べる習慣がある。日本人にとってこのような食べ方は麺類の旨みが増すことができて、料理人を褒める表現である。もう一つは、皆よく知っている言葉「いただきます」と「ごちそうさまでした」である。このような言葉は食べ物を恩賜してくれた神様と田畑で労働している人に感謝の気持ちを込めて言うことである。

資料2 中国での日本文化体験

姚　博怡

（山口大学東アジア研究科）

　筆者が日本文化と接触し始めたのは高校の時であった。最初に日本文化と接触したのは日本のアニメだった。アニメを通じていろいろな日本文化を知った。それで、日本や日本語に興味を持ち、大学学部時代も修士課程も日本語を専門として選んだ。日本語科の学生であるから、大学でも大学院でも日本文化を体験できるイベントなどにたくさん参加することができた。ここで、修士時期に参加した日本文化イベントを紹介したいと思う。

　修士課程の大学院生のとき、筆者は第二外国語の教師として、大学生に日本語を教えた。それは、貴州大学では外国語を専門としていない大学生は、必ず一つの外国語を勉強しなければならなかったからである。2015年12月ごろ、貴州大学外国語学院によって主催された日本文化交流会があり、日本語科以外の学生も参加できるので、筆者はその日本文化交流会の情報を当時のクラスの学生たちに知らせた。学生たちは積極的に参加の申し出をした。

　日本文化交流会のスケジュールは二日あった。一日目は各研究者や教師などの講座で、講座のテーマは主に日本文化に関するものであった。中国人教師のほかに、日本人教師もいた。筆者も修士の院生として、いろいろな講座にも参加し、積極的に各教師に質問を出し、いろいろ勉強になった。二日目は、昼には教えた生徒たちと一緒に、日本の学園祭のように、外国語学院の庭園で屋台を出し、日本の代表的な食べ物（例えば、たこ焼き、すし、唐揚げなど）と中国の食べ物（春巻きや米粉など）を売った。屋台を出すために、クラスの学生は前もって準備をした。みんなは一緒にスーパーへ行き、必要な食材と道具を買ったり、食材などを処理したりして、クラスの学生たちもチームワークの精神を養うことができた。ちなみに、屋台を出すのに必要なお金は外国語学院が出したものであった。午後には、日本から来た学生と一緒にいろいろな友好交流を行なった。みんなで一緒に紙切りなど様々な文化交流をした。この友好交流を通じ、日本の文化をもっと知り、日本人と会話する機会もでき、さらに日本語科でない学生たちも参加でき、もっと日本文

化に関することを知ることができた。

　もう一つの経験は、筆者がボランティアとして 2018 年 5 月に貴州大学外国語学院によって開催された中華杯日本語スピーチコンテストに参加したことであった。このコンテストは中国全国で行ない、いくつかの地域に分かれて行なったのであった。貴州大学外国語学院によって開催されたのは西南地区の試合であった。この試合において、中国西南地区の大学の学生たちが参加し、西南地区各大学の先生たち、日本経済新聞社重慶支局長と日本華人教授会議代表などがコンテストの評判長として、学生たちに点数をつけた。

　コンテストには二つの試験があった。一つ目は日本語のスピーチで、この試験はみんなが前もって準備をしていたものであった。もう一つの試験は即興演説で、試合の当時にスピーチのテーマを抽選し、準備時間はたったの 2 分間であった。この試合には特等賞、一等賞、二等賞、三等賞と優秀賞が設置してあった。特等賞を取った学生は北京で開かれた全国決勝戦へ行き、全国決勝戦で勝った人は日本への往還チケットをもらい、それに日本で 1 か月の修学ができた。筆者はボランティアとして、各大学の先生と学生たちに連絡をとり、試合当時に先生と学生たちを招待し、いろいろな準備をしておいた。この試合では、先述の友好交流とは違い、日本語のコンテストであるため、ほどんど日本語科の学生たちが参加したものであった。コンテストを通じ、中国の学生たちの日本語がさらに上手になり、またほかの大学の学生と交流することができ、そのうちに自分の不足点などにも気づくことができた。

　このような日本文化体験は、日本語科の学生だけではなく、日本文化に興味を持つ人であればだれでも参加できるようになればいいと思う。

資料 3　中国における「コンテンツ・ツーリズム」

侯　佳雯

（山口大学経済学研究科）

　中国は「コンテンツ・ツーリズム」の発源地ではない。そのため、「コンテンツ・ツーリズム」という単語はないが、コンテンツ・ツーリズムのような観光現象は確かにある。そして、日本のアニメ文化の影響を受けで、「聖地巡礼」という概念も導入されている。若者の間で、「聖地巡礼」という単語の「知名度」も高い。

　そもそも「コンテンツ・ツーリズム」という単語は日本人が創造した和製英語である。現代の通信技術とメディアの発展に伴い、日本の漫画やアニメの影響を受けて、中国にもコンテンツ・ツーリズムのような旅行現象が出現している。中国ではコンテンツ・ツーリズムに「内容旅游」という単語を直訳した。しかし、「内容旅游」という単語の使用率は余り高くない。インターネットで「内容旅游」を検索すると、出でいる結果の中に、コンテンツ・ツーリズムに関する結果はほとんどなく、「旅游内容」（「内容旅游」と全然違う意味の単語であり、旅行の内容という意味）に関する結果が沢山あった。

　中国では、「内容旅游」より、「圣地巡礼」と「二次元旅游」（二次元観光）の二つの単語の使用率が高い。特に、「圣地巡礼」という単語が日本語の「聖地巡礼」の翻訳として、知っている人が多い。中国で「圣地巡礼」の解釈はACGN　（Animation、Comic、Game、Novel）のファンたちが自分の好きな作品によって、物語性がある地域に旅行をするという事である。「圣地巡礼」という単語は日本からの外来語として、その意味は日本のものと比べて、あまり違いはない。現在、日本の若者にとって「聖地巡礼」はコンテンツ・ツーリズムの一部分である。しかし、中国ではコンテンツ・ツーリズムという概念自体が曖昧なので、「圣地巡礼」ということは「文化旅游」（文化旅行）の一種として、分類される。

　なお、若い世代にとって大きな社会現象になっているのにも関わらず、現代風の「聖地巡礼」という概念の導入が短いのが原因で、中国におけるACGNでの聖地巡礼に関する学術研究は少ない。それ以前に、コンテンツ・ツーリ

ズムに関する学術研究は中国では少ない。中国では「聖地巡礼」を学術的にはカルチャーツーリズムに分類しているので、「カルチャーツーリズム」をキーワードとして「中国知网」（日本の CiNii と同じように、論文を探すためのウェブ）で検索すると、少数民族に関するツーリズムの研究が多く、現代風の「聖地巡礼」に関する研究はまだまだ少ないようである。

資料4　持続可能なインバウンド観光

劉 莉瑩
（山口大学経済学研究科）

　日本における持続可能なインバウンド観光を推進するためには、京都など
の特定地域だけでなく、複数の地方において外国人観光客が訪問するように
なることが望ましい。しかも、少数の特殊な成功事例だけでなく、多くの日
本の地方の魅力を新たに外国人観光客に発掘してもらうこともまた重要であ
る。そのため、筆者は 2019 年 9 月から 10 月にかけて、日本の地方部に位置
する島根県津和野町にて、滞在型ツアーに参加するために来訪した外国人観
光客にインタビュー調査をした。津和野は地元の日本人にとってよく知られ
ている観光地であるが、外国人観光客の訪問はまだまだ少ない。逆に言えば、
外国人観光客にとっての津和野の魅力を分析し、強みを引き出すことができ
れば、この成功事例は他の日本の地方の観光地のインバウンド化に貢献でき
るかもしれない。

　筆者が参加者とともに体験したインバウンドの事例とインタビューの結果
を分析して、地方において観光客を誘致するために重要なツーリズムの特徴
は、「地方の特性を把握」し、「明確なコンセプト」があり、「地方行政の支持
と投資」が期待され、「効果的な宣伝」が行われ、「当地住民を優先する」こ
との五つの共通点が明らかになった。インタビュー結果を分析して、中国大
陸籍の観光客は「地方のコト消費」に対する満足度が高く、筆者が津和野町
で調査した範囲では日本への再訪問意向が 100% であった。中国籍観光客は
団体的なマスツーリズムの観光様式であると言われてきたが、この聞き取り
から、個人の要望に応じたニューツーリズム観光への転換の可能性が見える
ことが明らかになった。

　なお、2020 年に入ってから新型コロナウイルスの影響が大きくなり、海外
からの渡航規制や県境を越えての移動が制限されるようになったこともあり、
その後津和野におけるインバウンド観光の追跡調査を十分行うことができな
かった。日本人による日本国内の旅行形態が大きく変化したことから想定さ
れるように、インバウンド観光のあり方も大きく変わる可能性がある。コロ

ナ後の地方におけるインバウンド観光の動向については、今後の研究課題と
したい。

資料 5　日本旅行記

周 文婷
（山口大学東アジア研究科）

　ある国の特色はその国の事々物々に表れている。日本文化が満ちているユニクロ、刺身、寿司、建築設計デザインなど世界中に流行っている。ユニクロのコスパが良い服を買ったり、和食料理店に行ったりするのは中国の若者の日常生活によくあることだった。筆者も特に日本の歴史と日本文化に関心を持っている。そのため大学から日本語を勉強し始めた。五十音図から習っていた筆者は日本語をはじめ、日本に興味を持っていくようになった。大学時代にいつか日本に留学し、日本文化を体験したいとずっと考えていた。

　ようやく東京に行った時のことである。明治神宮、浅草寺を参拝しながら、特有の神社文化を体験できた。例えば、前はテレビドラマやアニメの中でよく見ていた神社についてだが、明治神宮を参拝する前に、手を洗ってから儀式を行うルールがある事は今まで知らなかった。また、神社に入る前にまず目に映る鳥居の本当の意味も全く知らなかった。自分自身が実際の本物を見ていると、その美しさを実感した。よく調べると、鳥居は神社の神聖さを象徴する建造物として、神社の内と外を分ける境に立てられて、鳥居の内は神様がお鎮まりになる御神域として尊ばれることが分った。また、特定の神殿（本殿）を持たず、山など自然物を御神体、または依代よりしろとしてお祀りしている神社の中には、その前に鳥居が立てられ、神様の御存在を現すものとして重視されている。それから、参拝する時の形も規定されている。まさに新体験だった。

　これを経験した私は、続いて鎌倉の八幡宮に旅行した。山の中にある神社は本当に日本人の生活と親しく繋がっている。それは、鎌倉八幡宮神社で日本式の結婚式を見てきたから感じた。新婚夫婦を含め、ご家族一同は和服を着、神社の神聖な雰囲気と極めて似合っていると思った。中国の結婚式で、真っ赤の色の中国伝統的服飾（漢服）を着ることと役割が同一なことによって、若者たちは伝統文化を重視するようになると考えた。

　次の観光地は今回の留学先である山口の周辺となった。日本のお城に興味

を持っているので、山口に到着したあと、普通電車で四国の香川に観光をした。海を渡って美しい港町が見えた。丸亀城に着くと、白くお城が聳えている。大手門から見上げる天守は威厳に満ち、夕暮れの天守は優しさをまとって、心も和ませる。その中にある坂を登って、城の中に立っている筆者は、丸亀城の紹介を読んでいた。丸亀城は、本丸・二の丸・三の丸・帯曲輪・山下曲輪があり、東西約540m・南北約460mのうち内堀内の204,756m2が史跡だった。「石の城」と形容されるその名のとおり、石垣の名城として全国的に有名だ。400年の時を経た今日でも決して色あせることなく、自然と調和した独自の様式美をはっきり現在に残している。（公財）日本城郭協会が選定した「日本100名城」にも選ばれた。期待にたがわず素晴らしいお城だったと感嘆した。桜が咲くと、花見や散歩するのはきっと幸せだろう。

　最後は、山口大学が行った貸し切りバスのモニターツアーを機に、萩往還、防府、富海に行った。山口ならではの風景を体験した。その中で最も印象を受けた事は防府天満宮での抹茶体験だった。大学時代、筆者は茶道サークルクラブに参加し、「わび・さび」という言葉を初めて茶道先生から教えられた。今回の防府天満宮の抹茶体験によって、言葉で表現できず、自然が織りなす「寂れたもの」と「それを美しいと思う心」からのわびさびの世界は、決してデジタルでも表現できない、また感じることができないと感じた。これをより、わびさびの日本美意識文化をもっと理解できるようになった。

　これまで一年間様々な日本文化を体験してきた。これから、日本にいるうちに、もっと日本に観光し、もっと日本の文化を体験したい。

資料6　日本文化体験

楊 英武
（山口大学経済学研究科）

　日本文化について、筆者の頭に初めて深い印象を残したのは、小さい頃から見ていたアニメ動画です。その時、「キャプテン翼」とか、「ドラゴンボール」などのアニメは中国のテレビに放送されており、毎日友たちと一緒にテレビの前に揃ってアニメを見たことや、キャラクターの技と話し方を模倣したことなど、今振り返ってみると、すごくいい思い出になりました。アニメを通して、日本文化と出会えて、その影響は種のように心底にまかれました。日本の文化をもっと知りたいために、大学では日本語を勉強しようと決意しました。

　また、2018年10月に私は山口大学に留学しました。それから、いろんなチャンスがあって、日本の文化を見ることだけではなく、たくさんの活動を自ら体験することもできました。以前と比較してより広く深い日本文化を了解することができました。

　2018年度、先生のおかげで、萩市インバウンド観光研修に参加する事を通じて、初めて日本の伝統工芸である、萩焼を体験しました。体験後に自分の手で作った萩焼が届けられた時、不細工なものでしたが、そのうれしさを今でも覚えています。

　また2019年に、偶然のチャンスで、山口市の祇園祭も参加したこともあります。その日、大雨ですごく寒かったのですが、みんなは伝統的な服を穿いて、お神輿を運んだり、お互いに励んで豪雨の中を走ったりしました。参加する人々も、周りの市民たちも日本伝統文化に対する情熱に染められて、寒さも忘れて、外国人である筆者にとって、すごく奇妙な体験でした。

　そして、山口市のインバウンド観光大使の研修に参加した時に、初めて菜香亭で日本の浴衣を着て、瑠璃光寺五重塔をゆっくり散歩したこと、徳地の森林で、子供のように顕微鏡を通して植物や昆虫を観察したり、森の精霊を探したこと、阿知須でやさしいおばあちゃんたちに手を取られながら、ひなもん作りを教えていただいたことなど、これらは全部、一生忘れない思い出

になりました。

　こんなにたくさんの体験活動から最も感動したのは、日本人の方々が心から自分の文化に対して愛情を持っているだけではなく、誇りある文化を周りの人々に伝えたいという気持ちです。その気持ちを感じた私たちにとって、心の中の種はどんどん大きくなり、いつか花を咲かせて、その香りもきっと広く発散するようになるでしょう。

資料7　抹茶体験談

呉 虹霖

（山口大学経済学研究科）

　2019年11月10日、歴史の道"萩往還と山陽道"ツアーに参加しました。まずは歴史の道・萩往還を体験しました。萩往還の美しい早秋の景色を見ながら、昔の日本文化に触れる良い機会だったと思います。一時間半ぐらいのミニウォークが終わった後、有名な瑠璃光寺五重塔を見に行きました。まだ早秋でしたが、少しだけ紅葉が見えるようになり、日本の美しい伝統的な建築文化が感じられました。撮影が素人の筆者でも素晴らしい写真が撮れました。WeChat で親に送ったら、「まるで絵みたい」という評価が来ました。

　午後は防府市に位置する有名な天満宮に行きました。防府天満宮は、京都の北野天満宮、福岡の太宰府天満宮と並んで、日本三大天神と言われています。表参道の階段を上る途中で、「茶室芳松庵」という場所があります。そこに入ると、伝統的日本の庭園がすぐ目の前に現れました。日本の庭園は世界でも有名で、池を中心にして、庭石や草木を配し、四季折々に鑑賞出来る景色を造形しています。青空と紅葉、池と錦鯉があり、人の心を癒すところです。

　芳松庵には茶室も配置されています。芸道は、芸能・技芸を日本独自の形で体系化したものです。例えば華道、茶道、香道などがあります。茶道は相手を思いやる「おもてなし」の心や、侘び・寂びの精神を大切にしている日本古来の芸道で、現在では国内のみならず海外にもその文化が広がっています。筆者も日本の芸道に深く興味があり、卒業論文でも香道について「日本の組香文化による中国の香文化への思考」というテーマで論文を書きました。いずれにせよ、理論知識ばかりで、実際的に体験したことはありませんでした。

　今回の抹茶体験は、日本の文化、特に芸道文化を体験する絶好のチャンスだったと思います。茶室に正座して、茶道具を準備した後、巫女のような女の子がお菓子を出しました。彼女たちは歩く時に足を上げず、床にこすりつけながら歩き、その歩き方を初めて見ました。お菓子をもらったけど、みんなはいま食べるか、それとも後で抹茶を飲みながら食べるか、迷っています。「来る前に茶道のことをもっと勉強すればいいのに」と思いました。家に帰る

と、それを課題として調べたら、抹茶の前に食べるのが正解でした。勉強になりました。

　その後は抹茶を作る過程です。それは複雑で優雅な過程だと思います。最高な抹茶を飲むために、すべての動作に気を付けなければならないです。優しくて、美しいのが芸道です。作った抹茶を点じてもらってから、礼をしていただきました。素人の私たちは飲むときの流れを知らずに飲みました。それでもおいしいということはみんなで一致します。素晴らしい体験でした。終わった後、近距離で茶道具を見に行きました。誠に精巧な芸術品です。日本の茶道にもっと興味を持つようになりました。そして茶室を見物に行きました。一番印象的なのは「時雨洗紅葉」が書いている軸物です。中国人として、この漢字の意味が理解でき、この境地も感じられます。素敵な一言です。

　短い時間でしたが、本物の抹茶体験ができ、日本の伝統文化を実感することができて、素晴らしい体験だったと思います。今回のイベントに参加してよかったと思います。この機会を得まして、主催者の山口県民局に感謝申し上げます。

資料8　茶道

辛　宇

（山口大学経済学研究科）

　日本の茶道と言えば、正式に「茶道」と言う名称が付けられたのは江戸時代だった。初めて中国から体系的に茶の知識を持ち込んだ書物は唐の陸羽が書いた「茶経」だと言われている。空海と最澄は中国から茶を持ち帰った後、日本の風土で茶が変化し、茶道が生まれた。中国と縁が深いのだが、茶道はもう既に日本の伝統文化になった。

　筆者は日本語を勉強する為、日本文化に対して興味を持っている。しかし、本番の茶道を体験することはまだなかった。防府市天満宮の芳松庵で茶道を体験できることに、実に心から喜んだ。菅原道真公はお茶に関する故実を調査、研究して、世間に喫茶の習慣を広め、茶聖菅公と称せられた。菅公とお茶の深い関わりを後世に伝えるため、防府市天満宮は平成三年に茶室芳松庵を設立した。ここで、美しい庭園を眺めながら美味しい抹茶とお菓子を楽しめる。

　茶室方寸の間で、日々のわずらわしさを清浄化する。微小な視点から美しさが発見される。これは和の美だ。中国蘇州の園林とは異曲同工だった。大広間から外に眺めて、秋の紅葉はまるで絵みたいだ。木漏れ日と地面の紅葉を重ねて輝いている。流水の中で、鯉たちが自由に泳いでいる。平和で、のんびりした午後が描かれる。このまま俗世から離れたい。

　兼好法師は「名利に溺れて、先途の近きことを顧みねばなり。愚かなる人は、またこれをかなしぶ。」という感慨がある。一生は短く、万物は常に流転している。人生は短い。名声や利益に心奪われ、生きる意味が分からない人はあわれのものだ。他人の評判に影響され、自分の道を迷う人が悲しい。俗世を離れることは難しいのだが、自分の本音を守ることが重要だ。自分の人生は自分で守る。決意して自分の目標と理想を実現するのは一番だ。

　しかし、人生は思い通りにならない、すべては移り変わるもの。これは仏教の「一切皆苦、諸行無常」と言うものだ。自分の目標を実現する過程が難しくて、苦しいのだ。頂点までの道が暗いのだが、頂点の景色は美しい。自

分の理想の為、人生を戦うのである。

資料9　モニターツアー

胡 小倩

（山口大学経済学研究科）

　2019 年の 10 月、私は研究生として山口大学に入学しました。ちょうど秋だったので、日本の秋を満喫したいと思い、山口県民局が主催した歴史の道"萩往還と山陽道"ツアーに参加しました。山口の景色や歴史文化を深く感じて素晴らしいモニターツアーでしたので、主催の皆様に再び感謝を申し上げたいと思います。また、今回モニターツアーについての感想を書きたいと思います。

　"萩往還と山陽道"ツアーは山口市や防府市に貫通し、観光地が何箇所かあります。最初に案内していただいたのは萩往還ミニウォークでした。静かな山道で景色を見ながら、一時間ぐらい歩いてきました。ガイドさんにこの山道の歴史をいろいろ教えていただいたり、古代の偉い人が歩いた同じ道を歩いたりしたら、頭の中で歴史のシーンを思い浮かべ、古代の人の粘り強さや知恵に感心しました。

　そのあと、山口市有名な観光スポットの瑠璃光寺五重塔に行きました。前にも瑠璃光寺五重塔に行ったことありますが、四季折々の景色があり、やはり何度見ても飽きないと思います。今回は秋だったので、五重塔は紅葉に囲まれ、華やかでしたが、寂しさが感じられました。冬に五重塔を見たことはないのですが、雪の中の五重塔は絶景ですとよく友達に言われています。しかし、季節の変換にかかわらず五重塔は変わったことがないです。五重塔は古くからの歴史の更迭や社会の変革を経験し、歴史の重みを感じられるのは一番魅力的だと私は思っています。

　その日の午後、やっと防府天満宮の近くに着きました。天満宮に行く前に、先に近くのお土産のお店に行きました。店員のおじさんは私たちが中国人の留学生だと知り、中国語で挨拶してくれてびっくりしました。しかも、お店の梅茶をご馳走してくれました。日本人はどんな場合でも静かでマナーを守っている印象は深いので、こんなに情熱な方もいるのだとは思わなかったです。それから、天満宮を見に行きました。山口県で有名な神社なので、この前か

らずっと見に行きたかったです。神社は神道の聖地であり、神道は仏教や道教と違い、日本から起源された宗教なので、日本民族の信仰とも言えます。ですので、神社は日本文化や日本の民族性を感じられるのではないかと私は思っております。また、近くの芳松庵で抹茶文化を体験しました。やや苦い抹茶と小豆のデザートの甘さが互いに引き合いました。畳の上に静かに座ってお茶を飲み、窓の外の紅葉を眺めながら、世間の喧騒を忘れて静かなひとときを楽しむことはなかなかできないでしょう。

　そのほかにも書いていない観光地がいくつかありますが、一つ一つ体験してみないとわからない素晴らしい観光地です。今回のツアーは今まで参加したツアーの体験は断然と違います。今までもいろんなところを旅行しに行きましたが、買い物や記念写真撮影にとどまっていました。今回のモニターツアーを通して日本文化をもっと深く感じましたので、また参加したいと思います。

資料１０　高校生と山口大学留学生との交流

山口県立西京高等学校教諭

伊藤　美智子

（山口大学経済学研究科）

　今日の少子高齢社会やＩＣＴ技術の急速な進歩、グローバル化など企業をめぐる環境変化は著しい状況にある。また日本経済は現状の低迷期を脱し、新たな成長路線を見いだすために大胆な改革や挑戦が求められている。山口県ではこれまで外国人と接する機会が比較的少なかったが、今後地域や会社で外国人とともに活動することが増えると想定される。

　高等学校商業科科目の一つである「ビジネス実務」は、ビジネスについての基本的知識を多面的に学び、実務で役立つノウハウを習得することを目的としている。年間のカリキュラムにおいて、前半は「オフィス実務」（企業の組織と仕事、職業人としての心構え、コミュニケーションとビジネスマナー、情報化とオフィス実務など）を、後半は「ビジネス英語」（国際化とコミュニケーション、ビジネスの会話、ビジネスの文書）を学ぶ。

　この授業では、教科書の内容だけでなく体験を伴った活動に取り組んでいる。ビジネス英語の分野においては、ＡＬＴとのコラボレーション、山口県国際交流員の方や山口大学留学生との交流授業などを通じて、生徒の興味関心を引き出す教育活動を行っている。山口大学の学生や留学生との交流は異文化理解を深め、課題を発見するとともに生徒の視野を広げ、協働して活動する機会となっている。

　2014 年から取り組んできた山口大学国際総合科学部の留学生との交流授業について振り返り、成果と課題を報告したい。交流授業は山口大学国際総合科学部において、年２回行っている。１回目はお互いの自己紹介を行う。本校生徒は高校生活（時間割や年間スケジュール、授業、学習内容、学校行事、部活動など）について、留学生は出身国について発表するとともにお互いに質問をし合う。生徒たちは、行ったことのない国の美しい風景や建造物、生活の状況に触れ、驚嘆することも多い。留学生は日本の高校の実態や高校生の生活や思考に興味を持つとともに、アニメなど共通の話題もあって会話が

盛り上がる。2回目の内容は年によって異なるが、これまでに行ったのは、地域の問題点を挙げて解決方法を話し合うことや生徒が発案した山口県観光名所を巡るすごろくゲーム、コミュニケーションを高めるゲームなどである。生徒たちは、緊張しながらも頭をフル回転させて英語を使い、外国についての未知の情報に刺激を受け、生き生きとコミュニケーションする。その表情は真剣で、短時間の活動ながら、多くのことを吸収していることがアンケートの感想を見るとよくわかる。

　一方、これまでの留学生や国際交流員との交流授業において残念に感じたのは、留学生から日本について質問されても、生徒たちが日本についてよく知らず、答えられないということである。改善のためには、①日本の歴史・地理、伝統文化・芸能、食べ物（料理）、特産物、観光スポットなどを「知ること」、「体験すること」、「表現すること」（英語でのコミュニケーション力）、また、②外国についての深い理解も必要である。そのためには、地域の伝統文化・芸能に触れたり、経験したりする機会がもっとあるとよいと考える。学校教育においては、他教科との連携に基づいた教科横断的な取り組みが必要だと考える。

　留学生との交流によって、生徒たちは外国について学ぶとともに、国際社会を生きる日本人として、自国のよさに気づき、その価値や意義を理解することの大切さを実感する。自国の伝統文化のよさを理解することは、他国の文化を尊重する態度を養うことに繋がる。これから社会へ巣立っていく生徒たちにとって、留学生との交流授業体験が、外国人とお互いの文化の違いを受け入れながら分け隔てなく接し、ともに協力して生きるための一助になればと考えている。

索　引

177

主な著者

朝水 宗彦
秋田大学教育学部卒業。桜美林大学大学院国際学研究科修了。博士（学術）。
旧北海学園北見大学専任講師、立命館アジア太平洋大学専任講師を経て、現
在　山口大学教授。

オースティン　ウザマ
立命館アジア太平洋大学大学院修士課程を経て、山口大学大学院東アジア研究
科博士課程修了。博士（学術）。現在　ブリティッシュコロンビア大学講師。

郭 淑娟
山口大学大学院東アジア研究科修了。博士（学術）。山口大学東アジア研究科
コラボ研究員。

周 暁飛
山口大学大学院東アジア研究科博士課程在学中。山東旅游職業学院講師。

ペルラキ　ディーネシュ
山口大学大学院東アジア研究科修了。博士（学術）。津和野町日本遺産セン
ター　コンシェルジュを経て、現在　山口大学助教。

リシャラテ　アビリム
山口大学大学院東アジア研究科修了。博士（学術）。山口大学東アジア研究科
コラボ研究員。

インバウンド観光と留学生

発行日	2020年10月1日初版発行
	2023年11月10日2刷発行
著者	監修・朝水宗彦
発行所	（有）くんぷる
印刷・製本	モリモト印刷株式会社
定価	定価：本体価格1800円＋税

ISBN978-4-87551-048-2　C3026
本書へのお問い合わせはinfo@kumpul.co.jpへメールにてお問い合わせください